rowohlts monographien
begründet von Kurt Kusenberg
herausgegeben
von Wolfgang Müller und Uwe Naumann

Giacomo Casanova de Seingalt

mit Selbstzeugnissen
und Bilddokumenten
dargestellt von
J. Rives Childs

rororo bildmonographien

Rowohlt

Für Dr. Francis L. Mars

Dieser Band wurde eigens für «rowohlts monographien» geschrieben
Aus dem Englischen übertragen von Hans-Heinrich Wellmann
Den dokumentarischen Anhang bearbeitete Paul Raabe,
die Bibliographie stammt von Petra Seidel
Herausgeber: Kurt und Beate Kusenberg
Assistenz: Erika Ahlers
Umschlagentwurf: Werner Rebhuhn
Vorderseite: Casanova. Gemälde von Pietro Longhi
(Ingeborg Sello)
Rückseite: Die Bleikammern in Venedig
(Sammlung J. Rives Childs)

Veröffentlicht im Rowohlt Taschenbuch Verlag GmbH,
Reinbek bei Hamburg, Oktober 1960

Gesetzt aus der Linotype-Aldus-Buchschrift
und der Palatino (D. Stempel AG)
Gesamtherstellung Clausen & Bosse, Leck
Printed in Germany
1290-ISBN 3 499 50048 5

4. Auflage. 24.–25. Tausend Januar 1996

Inhalt

Casanova de Seingalt

Erste Jahre

Er wurde am 2. April 1725 in Venedig geboren, dieser Giacomo Casanova – hervorragendste Erscheinung in einer langen Reihe von italienischen Abenteurern, Schriftstellern und Condottieri, eine der erstaunlichsten Gestalten seines Jahrhunderts. Zwei weltberühmte Persönlichkeiten entstammen der Lagunenstadt: Marco Polo und Casanova. Aber man wird den Namen des letzteren vergeblich in einem venezianischen Reiseführer oder auf einem noch so kleinen Denkmal suchen. Wenn Frenzi sagt, «der schlechte Ruf Casanovas erklärt sich zum großen Teil aus der Aufrichtigkeit seiner Bekenntnisse», dann bedeutet das, daß nichts so unverdaulich ist wie die Wahrheit.

Sohn eines Schauspielers und einer Schauspielerin, lag das Theater ihm im Blut, wurde die Welt ihm zur Bühne. Das Venedig seiner Zeit hatte sich der Jagd nach dem Vergnügen verschrieben. Es gab nicht weniger als vierzehn Theater; Prostituierte wurden vom Staat unterstützt und erfreuten sich gesellschaftlichen Ansehens; der Karneval, bei dem alle Welt maskiert ging, dehnte sich über die Hälfte des Jahres aus. Das Glücksspiel nahm solche Ausmaße an, daß 1774 der ihm gewidmete Ridotto geschlossen werden mußte. Das Leben war eine einzige Folge von Genüssen; für Handwerker, Patrizier, Äbte und Bischöfe, Mönche und Nonnen gab es nichts Wichtigeres als die Befriedigung ihrer Sinne. So galt es auch für ihn: *Die sinnlichen Genüsse zu kultivieren, bildete die Hauptbeschäftigung meines ganzen Lebens; niemals hat es für mich etwas Wichtigeres gegeben.*

Diese Atmosphäre war es, in der Casanova seine Jugend verbrachte, die ihn so erfüllte, daß sie ein untrennbarer Teil von ihm wurde. Obwohl ihm bestimmt war, einer der welterfahrensten Männer seiner Zeit zu werden, hat er nie aufgehört, Venezianer zu sein, und bewahrte – ob in Paris, London, Petersburg oder Madrid – jene «schöne Stätte aller Fröhlichkeit», wie Venedig so treffend von Byron genannt wurde, in seinem Herzen.

Wahrscheinlich hat niemand sein Jahrhundert so scharfsinnig erfaßt wie Casanova; sicher hat keiner uns ein derart gründliches Bild von ihm gegeben wie er. So schrieb F. W. Barthold 1846: «Casanovas *Memoiren* sind das vollendetste, ausführlichste Gemälde nicht allein der sittlichen und der Gesellschafts-Zustände des Jahrhunderts, welches der französischen Staatsumwälzung voranging, sondern auch der Spiegel des Staatslebens in seinen individuellsten Zweigen, der Kirche, der Denkweise, der Nationen, der Vorurteile, der Stände, der Philosophie, also des innersten Lebens-Zeitalters.»

Casanovas nomineller Vater war Gaetano Giuseppe-Giacomo aus Parma, der aus Liebe zu einer Schauspielerin, der Fragoletta, selbst

Venedig: die Mündung des Canale Grande. Gemälde von Bernardo Bellotto

die Schauspielerkarriere einschlug. Als er an Grimanis Theater San Samuelo in Venedig spielte, heiratete er die Tochter eines venezianischen Schuhmachers, Zanetta Farussi, die er nun seinerseits zur Bühne zog. Nach dem Tode Gaetanos im Jahre 1733 trat sie dem Ensemble Joseph Imers bei und wurde dessen Geliebte. Goldoni erwähnt sie in seinen «Memoiren» und versichert, daß er «La Pupilla» extra für sie geschrieben habe. Nach Engagements in Rußland und Polen ließ sie sich auf Wunsch des Kurfürsten von Sachsen in Dresden nieder,

wo sie bis zu ihrem Tod im Jahre 1776 lebte. Casanova gibt uns in den *Memoiren* eine ausführliche Genealogie der Vorfahren seines nominellen Vaters. Es liegen jedoch Gründe zu der Annahme vor, daß er vielleicht nicht der Sohn Gaetanos war, sondern der eines venezianischen Edelmannes, Michel Grimani, dessen Bruder, Abbate Alvise Grimani, Casanovas Vormund wurde. (Abbate Chiari stellt in «Commediante in fortuna», 1755, Casanova als Bastard dar, und Casanova selbst bezeichnet in *Nè Amori, Nè Donne* Michel Grimani

Der Bruder Giovanni Casanova. Zeichnung von A. R. Mengs

als seinen Vater.) Casanova zeigte wenig Zuneigung zu seiner Mutter oder Liebe zu seinen Brüdern bis auf Francesco, dem bekannten Maler, dessen Ruhm den seinen bis ins 19. Jahrhundert hinein derart überstrahlte, daß sein Tod im Jahre 1803 häufig mit dem Giacomos verwechselt wurde.

Dieser Mann, der später eine so außergewöhnliche Intelligenz entfalten wird, lernte erst mit acht Jahren sein Gedächtnis zu entwikkeln und zu lesen, und erst mit neun Jahren zu schreiben. Er wird die gehemmte Entwicklung jedoch aufholen; die vielen veröffentlichten Werke neben den *Memoiren* beweisen den außerordentlichen Umfang seiner Lektüre, die sowohl die Klassiker als auch alle zeitgenössische Literatur von Bedeutung erfaßte. Seine Lieblingsautoren waren Horaz und Ariost, deren Werke er auswendig konnte.

Während Zanetta ihrer Theaterlaufbahn folgte, blieb er in der Obhut seiner Großmutter Marzia. Mit acht Jahren wurde er von ihr zu einer Hexe nach Murano gebracht, um sein Nasenbluten heilen zu lassen. Das Schauspiel der Riten machte einen tiefen Eindruck auf ihn und weckte in ihm jene Vorliebe zum Okkulten, durch die er sich sein ganzes Leben lang Vorteile zu verschaffen wußte. Ein Jahr später, 1734, wurde er von seiner Großmutter nach Padua in ein Pensionat gegeben, um seine Studien unter einem Abbate Gozzi fortzusetzen. Nach sechs Monaten war er wegen der schmalen Pensionatskost halb verhungert und erhielt auf seine flehentliche Bitte von seiner Großmutter die Erlaubnis, in das Haus Gozzis zu ziehen. Dort blieb er, zunächst unter der Vormundschaft seines Lehrers, dann als Student der Universität von Padua, bis er mit sechzehn Jahren den Doktorgrad *in utroque jure* erwarb. Er bedauerte, daß er nicht seiner starken Neigung folgen und Medizin studieren durfte. Statt dessen mußte er sich dem Recht widmen, um kirchlicher Advokat zu werden. Er gab diesen Beruf schließlich auf, entwickelte jedoch im Laufe seines Lebens eine erstaunliche Kenntnis der medizinischen Kunst. Nie versäumte er, seinen Freunden Rezepte zu verschreiben oder die Behandlung seiner eigenen Leiden den Händen der Ärzte zu entziehen und selbst zu übernehmen. Die Einzelheiten, die er uns über den Stand der Medizin im 18. Jahrhundert hinterlassen hat, haben in der Folge lange Kommentare von Physiologen aller Nationen herausgefordert.

Von Abbate Gozzi lernte er, Geige zu spielen. Doch seltsamerweise bekundete er sein ganzes Leben hindurch eine Abneigung gegen Musik, obwohl gerade er uns auch eine ausgezeichnete Enzyklopädie der Musik und Musiker des 18. Jahrhunderts hinterlassen hat. Ebenfalls in Padua erlangte er seine ersten Kenntnisse der Chemie — eine Wissenschaft, der er später beträchtliche Vorteile abgewinnen wird —; während er in der Bibliothek Dr. Gozzis das erste erotische Werk las, eine lateinische Ausgabe des «Aloysea Sigeia». Diese Lektüre führte ihn zu «Thérèse Philosophe», zu Aretino und ähnlicher Literatur, denn eines seiner hervorstechendsten Charaktermerkmale war eine unersättliche Neugier — wobei freilich zu bemerken ist, daß es in seinen sexuellen Beziehungen nie Anzeichen von Perversionen gegeben hat, von Sadismus, Masochismus oder Fetischismus, bis auf einen Fall von Päderastie, der aber weniger durch Neigung als durch die Begierde provoziert war, alle menschlichen Erfahrungen auszukosten.

Seine erste Liebesaffäre erlebte er gleichfalls im Hause Dr. Gozzis mit der Schwester des Abbate, Bettina, *une fine mouche,* vier Jahre älter als er, die ihn in einem dauernden Zustand von Erregung hielt, während sie ihm die Befriedigung seiner Leidenschaft versagte. Dies war seine erste Bekanntschaft mit den Listen der Frauen, deren Studium eines der Hauptgeschäfte seines Lebens wurde. Er sollte sich fortan als ein Kenner erweisen, den man — bis auf wenige Ausnahmefälle — nicht mehr hintergehen konnte.

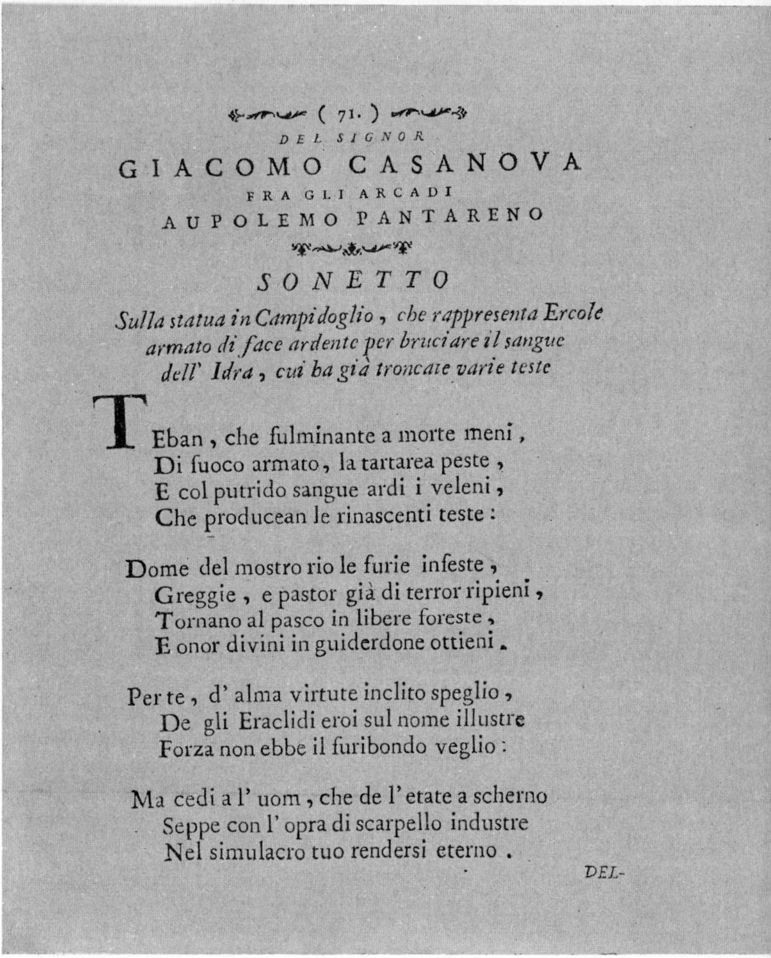

(71.)

DEL SIGNOR

GIACOMO CASANOVA

FRA GLI ARCADI

AUPOLEMO PANTARENO

SONETTO

Sulla statua in Campidoglio, che rappresenta Ercole armato di face ardente per bruciare il sangue dell' Idra, cui ha già troncate varie teste

TEban, che fulminante a morte meni,
Di suoco armato, la tartarea peste,
E col putrido sangue ardi i veleni,
Che producean le rinascenti teste:

Dome del mostro rio le furie infeste,
Greggie, e pastor già di terror ripieni,
Tornano al pasco in libere foreste,
E onor divini in guiderdone ottieni.

Per te, d' alma virtute inclito speglio,
De gli Eraclidi eroi sul nome illustre
Forza non ebbe il furibondo veglio:

Ma cedi a l' uom, che de l' etate a scherno
Seppe con l' opra di scarpello industre
Nel simulacro tuo rendersi eterno.

DEL-

Ein Sonett Casanovas

Nach Venedig zurückgekehrt, setzte er 1739 seine Studien fort. Die Geschicklichkeit, Verse zu machen, galt damals als ein wesentliches Kriterium des Mannes von Welt, und er widmete sich dieser Kunst, die er, zunächst in Italienisch und dann in Französisch, bis zum Ende seines Lebens ausübte. Da er – ob er wollte oder nicht – zur kirchlichen Laufbahn bestimmt war, die damals allgemein von talentierten Männern ohne Vermögen eingeschlagen wurde, empfing er am 17. Februar 1740 die Tonsur, die ihn zu einem Abbate machte, und elf Monate später die vier niederen Weihen. Eine seiner ersten kirchlichen Amtshandlungen endete mit einem Disaster. Er wurde beauftragt, am 19. März 1741 eine Lobpredigt in S. Samuele zu halten, dinierte jedoch so gut, daß er, als er auf der Kanzel stand, seinen sorgsam vorbereiteten Text nicht mehr memorierte. Ohnmächtig wurde er in die Sakristei getragen und floh, sobald er wieder zu sich gekommen war. Drei Jahre verstrichen, bevor er die kirchliche Laufbahn endgültig aufgab.

Seine erste Bekanntschaft mit der Gesellschaft machte er im Hause eines reichen Junggesellen, des Senators Malipiero, dessen Palast am Canale Grande nur wenige Schritte von seiner Wohnung entfernt lag. Er war dort ständiger Gast und nahm an den Mahlzeiten dieses Edelmannes teil, der ihn in eine epikuräische Philosophie einführte. So gab Casanova schon früh Zeugnis von seiner Begabung, sich bei den Großen dieser Welt beliebt zu machen — ein Talent, das ihm später sehr zustatten kam. Der Edelmann entzog ihm jedoch plötzlich seine Gunst, als er ihn bei gewissen Freiheiten gegenüber der jungen Thérèse Imer überraschte, einem zweiten Schützling Malipieros, die auf andere Weise seine Zuneigung genoß. Wir werden sehen, daß Thérèse jahrzehntelang Casanovas Lebensweg als Thérèse Pompeati und Mme. Cornelis immer wieder kreuzt.

Diese frühen Jahre zeichneten sich durch eine Episode aus, die einen entscheidenden Einfluß auf sein Verhältnis zu Frauen haben sollte. Bei einem Besuch im nahegelegenen Paseano machte er die Bekanntschaft der vierzehnjährigen Lucia, die er aus Gewissenhaftigkeit nicht zu entehren wagte. Als er jedoch sieben Monate später nach Paseano zurückkehrte, fand er, daß sie den Verführungskünsten eines Schurken nachgegeben hatte und mit ihm davongelaufen war. Casanova nahm das als Lehre, in Zukunft dem anderen Geschlecht weniger Skrupel entgegenzubringen — wobei er freilich, wie er selbst gesteht, später oft zu weit gegangen ist. Sechzehn Jahre danach traf er Lucia als Prostituierte in Amsterdam wieder. So zynisch er inzwischen auch geworden war: der Gegensatz zwischen ihrer einstigen Reinheit und ihrer jetzigen Schande erschütterte ihn. Nur zwei der zahllosen Frauen, denen er begegnete, Lucia und die Corticelli, haben durch ihn gelitten. Allerdings müssen wir uns dabei vor allem auf sein eigenes Zeugnis verlassen, aber auch nach den Briefen, die erhalten geblieben sind, scheint er die Fähigkeit besessen zu haben, den Frauen, deren Gunst er genoß, ein ungetrübtes Glück zu schenken, wie flüchtig auch das Verhältnis sein mochte.

Welches war das Geheimnis von Casanovas außerordentlichem Erfolg bei Frauen und wie ist es zu erklären, daß sie stets — unbeständig, wie er war – die Erinnerung an ihn hochhielten? Im 18. Jahrhundert war die Liebe ein Spiel ohne jenen Ernst, der ihr später von der Romantik verliehen wurde. In seiner Jugend muß er glänzend ausgesehen haben – Friedrich der Große äußert sich einmal in diesem Sinne –; es steht außer Zweifel, daß er ungewöhnlich viril war. Seine Freigebigkeit machte ihn einem Geschlecht liebenswert, das immer für diesen Zug empfänglich war. Er achtete jeden Wunsch der Frauen, die er kannte, kam ihren kleinsten Bedürfnissen zuvor, stattete sie, wenn es ihnen an Garderobe fehlte, reich aus und geizte niemals mit Geschenken. Auch darf nicht der Nachdruck übersehen werden, mit dem er die geistige Seite ihres Verhältnisses betonte, die Ermutigung, die er ihrem Selbstgefühl gab. Er lehnte es ab, mit der berühmtesten Kurtisane Englands, Kitty Fisher, zu schlafen, weil er mit der englischen Sprache nicht vertraut war, und bemerkt, daß der Genuß aller Sinne für ihn unerläßlich sei. Mit einem Wort, er suchte bei den Frauen mehr als bloße fleischliche Befriedigung, und das konnte für sie nur höchst schmeichelhaft sein.

Ende 1741, im Alter von sechzehn Jahren, verlor er seine Unschuld – kurz nach der Begegnung mit Lucia. Zwei Schwestern einer vornehmen venezianischen Familie, Nanette und Marton Savorgnan, schenkten ihm ihre erste Gunst. Sie schworen sich ewige Freundschaft, die – länger als die meisten Pakte dieser Art – vier Jahre dauerte. Die Verführung von zwei Frauen zugleich wird noch oft seine folgende Laufbahn bestimmen und veranlaßte ihn bei einer entsprechenden Gelegenheit zu diesen Gedanken: *In meiner langen und lasterhaften Karriere, in der ich einigen hundert Frauen den Kopf verdrehte, habe ich mir alle Künste der Verführung erworben; aber ich ließ mich immer von dem Grundsatz leiten, Neulinge oder solche Frauen, deren Vorurteile mir hinderlich schienen, nur in Gegenwart einer anderen Frau anzugreifen. Ich fand bald heraus, daß Schüchternheit bei einem Mädchen eine Abneigung dagegen erweckt, verführt zu werden, während es in Gegenwart eines anderen Mädchens leicht zu besiegen ist; die Schwachheit der einen führt zum Fall der anderen ... Das Mädchen gewährt eine kleine Gunst und treibt sofort ihre Freundin an, eine viel größere zu gewähren, um ihr eigenes Erröten zu verbergen ... Bevor sie Zeit zum Nachdenken findet, ist sie dem Genuß verfallen, die Neugier führt sie ein wenig weiter, und die Gelegenheit tut ein Übriges.*

Dies ist einer der wenigen Fälle, wo er uns das Geheimnis seiner erfolgreichen Eroberungen enthüllt. Im allgemeinen müssen wir uns jedoch – wenn wir seine Methoden erforschen wollen – auf die Einzelheiten beziehen, die er da und dort in den *Memoiren* anführt. Wir wissen, daß die Anwendung von Gewalt ihm völlig zuwider

Casanovas Casino in Venedig

war. *Ich bin kein Tier,* sagte er einer Frau, die er zwar mit Geld unterstützte, deren Gunstbeweise er jedoch zurückwies, da sie ihm in einer finanziellen Notlage angeboten wurden. Er legte der freien Zustimmung seines Partners eine solche Bedeutung bei, daß er es mehr als einmal ablehnte, aus der Hingabebereitschaft von Frauen Vorteil zu ziehen, die unter dem Einfluß von Alkohol standen. *Aus der Art, wie sie sich benahm, sah ich, daß sie sich ohne Frage hingeben würde. Ich fürchtete, die Gelegenheit auszunützen. Ein Sieg, der dem Rausch zu verdanken war, schien mir zu bequem.* Als ein Kamerad ihm bei anderer Gelegenheit vorschlug, das Mädchen, auf das sie beide Absichten hatten, betrunken zu machen, protestierte Casanova

Lucía. Illustrationen aus einer 1850 zum ersten Mal in Deutschland veröffentlichten illustrierten Ausgabe der «Memoiren»

mit der Bemerkung, daß *es schade wäre,* so einen Plan auszuführen. Nur eine freie und gegenseitige Neigung konnte ihm wirkliche Befriedigung schenken; die gelegentlichen Orgien, denen er sich hingab, ließen ihn *angeekelt* über sich selbst zurück.

Trotz seines regen Interesses an Frauen besaß er eine andere, beinahe ebenso starke Leidenschaft in seiner Wißbegierde, und keine von beiden gab er jemals auf. Im März 1742 trat er in das Seminar San Cipriano ein. Wenn er nur zwei Wochen dort blieb, dann lag das mehr am fehlenden Verständnis seitens seiner Lehrer als an einer

Gleichgültigkeit gegen seine Studien, die er vielmehr unaufhörlich bis zu seinem Tode auf eigene Faust fortsetzte.

Bald nachdem er das Seminar verlassen hatte, scheint er – am 26. August 1742 offiziell ernannt – in den Dienst Giacomo da Riva, des Gouverneurs der venezianischen Galeeren zu Korfu, getreten zu sein. Er mag ihn als Sekretär begleitet haben und blieb bis zum Tode seiner Großmutter am 18. März 1743 bei ihm. Obwohl dieser Lebensabschnitt in Dunkel gehüllt ist, scheint es, daß er während seines Dienstes bei da Riva in gewisse Schwierigkeiten geraten ist, auf die er in seiner *Confutazione* anspielt und die zu seiner Rückkehr nach Venedig und im März 1743 zu seiner Einkerkerung im Fort Sant' Andrea führten. Zu Beginn desselben Jahres bemüht sich seine Mutter über ihre hohen Beziehungen in Dresden, die Ernennung Bernardins de Bernardis zum Bischof unter der Bedingung zu erlangen, daß dieser ihren Sohn in seine Dienste nahm. Nachdem er tatsächlich am 6. Mai 1743 nominiert worden war, traf Bernardis Anfang August in Venedig ein und nahm Casanova, den man Ende Juli aus dem Fort entlassen hatte, bei sich auf.

Als Bernardis sich auf die Reise zu seinem Bistum in Kalabrien machte, versprach er, Casanova in Rom zu erwarten. Dieser brach einige Wochen später, am 18. Oktober 1743, in Begleitung des venezianischen Botschafters in Rom, da Lezze, auf, der ihn bis Ancona mitnahm. Seine Sammlung von Papieren und «verbotenen Büchern» ließ er in der Obhut Mme. Manzonis, einer seiner treuesten Freundinnen, zurück. Dies ist der erste Hinweis von vielen folgenden in den *Memoiren*, daß er schon früh begonnen hatte, Aufzeichnungen zu machen. Am Anfang noch unregelmäßig, führte er in den kommenden Jahren – in von ihm *Capitulaires* genannten Blättern – immer methodischer Buch über sein Leben. Das ist sowohl aus gelegentlichen Anspielungen ersichtlich als auch aus der genaueren Chronologie der späteren Jahre.

Zu Chiozza stießen ihm zwei Unglücksfälle zu, die das Schicksal später häufig für ihn bereit hielt: Während eine Gonorrhöe wieder ausbrach, die er sich früher im selben Jahr zugezogen hatte, wurde er von Glücksspielern gerupft und mußte seine Habschaft verpfänden. In Ancona machte er die Bekanntschaft eines skrupellosen Mönches, Steffano, der ihn zu Fuß mit nach Rom nahm, wobei sie von den Almosen lebten, die der Mönch zu ergattern verstand. Zweifellos ungeduldig geworden, auf Casanova zu warten, war der Bischof mittlerweile von Rom zu seiner Diözese in Martirano abgereist, ohne eine Nachricht hinterlassen zu haben. Als Casanova seine Barschaft zusammenrechnete, stellte er fest, daß sie nur noch aus wenigen Groschen bestand. Und nun bewährte sich seine angeborene Geschicklichkeit, mit jeder Schwierigkeit fertig zu werden. Er traf einen Kaufmann, der einen Vorrat von Weinen und Mineralien, darunter Quecksilber, besaß. Casanova rief sich seine chemischen Kenntnisse ins Gedächtnis zurück; er machte glücklichen Gebrauch von der Formel, nach der sich jenes Mineral, wenn man ihm Blei und Wismut zusetzt, vermehrt, und setzte seinen Weg mit gut gefüllter Börse fort. Seine fruchtbare Phantasie in Verbindung mit einer erstaunlichen Begabung, sich den ungünstigsten Umständen anzupassen, sollte sich in den kommenden Jahren noch oft zeigen.

Als er feststellen mußte, daß es in Martirano weder gute Bücher, noch gebildete Menschen oder schöne Frauen gab, bat er um den Segen des Bischofs und um die Erlaubnis, ihn wieder verlassen zu dürfen. Er erhielt beides und machte sich auf, um über Neapel nach Rom zurückzukehren. Er hatte keine Ahnung, was er tun sollte. Es genügte ihm, seinem Dämon zu folgen und der Vorsehung zu vertrauen, deren Führung er sich blindlings anheimgab. Selbst in seinen unerlaubten Liebesaffären erkannte er die heiligen und unerforschlichen Wege Gottes – ohne Zynismus, mit einer völligen Aufrichtigkeit. Es gibt keine Spur von mangelnder Ehrfurcht in seiner Überzeugung, daß alles Gottes Wille ist. Es erscheint ihm unbegreiflich, daß das, was geschieht, den Geboten der Vorsehung widersprechen könne.

Außer dem Kapital, das Bernardis ihm mit auf den Weg gegeben hatte, besaß er – was vielleicht noch wichtiger für ihn war – Empfehlungsbriefe an zwei vornehme Neapolitaner. Casanova bemühte sich stets, derartige Briefe zu bekommen, und erbat sie sogar von prominenten Persönlichkeiten an Leute, die er schon kannte, um dadurch sein Prestige zu erhöhen. Mit solcher Rückendeckung versehen, machte er in Neapel so einflußreiche Bekanntschaften wie die des Marchese Galiani, eines Bruders des berühmten Abbate, und Lelio Caraffas, des Herzogs von Matalone, einer der großen Familien Neapels, der ihm seinerseits Empfehlungsbriefe an den Kardinal Acquaviva mitgab, in dessen Dienste er eine Zeitlang treten wird. Vielleicht machten die ausgezeichneten Verbindungen, die er in Neapel anknüpfte, diese Stadt zu einer seiner Lieblingsstätten.

Von Neapel nahm Casanova Ende Mai 1744 eine Postkutsche nach Rom und fand als Reisegefährten einen neapolitanischen Advokaten, den er Giacomo Castelli nennt, dessen Gattin, Lucrezia, und deren Schwester, Angelica. Lucrezia wird, mit Unterbrechungen, die folgenden sechsundzwanzig Jahre hindurch einen bedeutenden Platz in seinem Herzen einnehmen, während welcher Zeit ihre Liebe Wandlungen durchmachte, die ein seltsames Licht auf das werfen, was uns heute als moralische Leichtfertigkeit jener Epoche

Jugendbildnis Casanovas, von seinem Bruder Francesco gemalt

Galante Konversation. Kupferstich von Ch. N. Cochin père nach De Troy

erscheint. Bei einem späteren Ausflug in die Umgebung Roms gewährte sie Casanova bereitwillig Zugang zu dem Bett, das sie mit ihrer Schwester teilte. Casanova – erst neunzehn Jahre alt und noch im Schmelz einiger Unschuld – war äußerst verwirrt, als Lucrezia ihn am nächsten Morgen in die Arme Angelicas drängte. Er überwand sich erst dazu, Angelica zu lieben, als er sicher war, daß seine Nachgiebigkeit eher das Gefühl der Dankbarkeit als das der Eifersucht bei Lucrezia erwecken würde, die – kurz vor ihrer Rückkehr nach Neapel – nicht nur ihn, sondern auch Angelica glücklich zu machen suchte. Als er siebzehn Jahre später Lucrezia mit einer Tochter, Leonilda, wiedertraf – der Frucht ihrer Liebe aus dem Jahre 1744 –, fand die Mutter nichts dabei, mit ihrer Tochter und Casanova zusammen ins Bett zu gehen. Diesmal überschritt Casanovas Liebe zu Leonilda nicht die Grenzen väterlicher Zuneigung. Ganz anders stand es damit jedoch zehn Jahre später bei einem Fall von Inzest, der vielleicht nicht der einzige war, da auch Irene Rinaldi oder Balzali, eine andere Geliebte, vielleicht seine Tochter war. Das relativ häufige Vorkommen von Inzest und die Bedenkenlosigkeit, mit der im 18. Jahrhundert Männer und Frauen zusammen schliefen, läßt stark darauf schließen, daß in dieser Ära, die von der unsrigen in vieler Hinsicht so verschieden ist, der Geschlechtsverkehr kaum eine größere Bedeutung besaß als Essen oder Trinken; es war eine körperliche Funktion, der nur geringe Wichtigkeit beigemessen wurde. 1763 bot eine Dame der Londoner Gesellschaft Casanova einen Platz in ihrem Wagen an, der von London nach Ranelagh zurückfuhr. Da die Aufforderung an Casanova erging, kann man sich die Fortsetzung leicht vorstellen. Einige Tage später war er völlig überrascht, als er sie bei einer mondänen Gesellschaft wiedertraf und sie ihre frühere Bekanntschaft leugnete. Auf seine Frage, ob sie sich nicht an ihn erinnerte, antwortete sie kalt: «Ich erinnere mich sehr gut an Sie, aber eine Torheit gibt noch nicht das Recht, einander zu kennen.»

Viele überaus spitzfindige, aber abwegige Vermutungen sind von hervorragenden italienischen Kommentatoren – wie Croce, Nicolini und Zottoli – angestellt worden, um die Identität von Giacomo Castelli und seiner Gattin Lucrezia ausfindig zu machen. Casanova hat uns einen noch unerforschten Anhaltspunkt durch die Anmerkung gegeben, daß Lucrezia und Angelica die Töchter einer «Cecilia Monti» waren, die im Minervaviertel von Rom wohnte, und daß Angelica im Januar [1745] mit einem «Don Francesco» in Rom getraut wurde. Von diesen Hinweisen geleitet, haben wir kürzlich die Gemeinderegister von S. Maria sopra Minerva geprüft. Nur eine Ehe wurde in dem betreffenden Monat vollzogen, und zwar am 17. Januar 1745 zwischen der 1725 geborenen Lucrezia d'Antoni

Der Bucintoro, die Staatsgaleere des Dogen. Zeichnung von Guardi

und Filippo Tomasi. Die Daten und der Vorname der Braut stimmen vollkommen mit Casanovas Bericht überein. Aber mehr noch: diese Lucrezia (also die «Angelica» der *Memoiren*) hatte ihr erstes Kind Angelica taufen lassen! Waren wir auf der richtigen Spur? Es schien so, als die Urkunden auch erwiesen, daß Lucrezias Mutter denselben Vornamen – Cecilia – trug, den Casanova ihr gegeben hatte – allerdings Cecilia Bonalloggi d'Antoni und nicht Cecilia Monti. Zwar war sie 1744 nicht – wie in den *Memoiren* gesagt wird – eine junge Witwe, sondern zweiundfünfzig Jahre alt und Gattin eines Malers, aber diese Einzelheiten mochte Casanova verändert haben, um allzu neugierige Leser in die Irre zu führen.

Wie stand es jedoch mit dem jungen Abbate, dem damals fünfzehnjährigen Bruder der beiden Schwestern, und vor allem mit der anderen Schwester, die sich einige Zeit zuvor verheiratet haben sollte? *Mirabile dictu*, Lucrezia hatte tatsächlich einen Bruder, Giuseppe,

der genau so alt war, wie Casanova angegeben hatte. Die folgenden Recherchen waren langwierig und zunächst unproduktiv. Im Vertrauen, auf der rechten Fährte zu sein, gaben wir jedoch nicht auf, und unsere Geduld wurde schließlich belohnt. Wir entdeckten den Namen der fraglichen Schwester – Anna Maria, geboren 1715 – und ein Dokument, aus dem hervorging, daß sie 1734 einen Alessio Vallati geheiratet hatte. Anna Maria d'Antoni – offensichtlich die «Lucrezia» der *Memoiren*, deren voller Name vielleicht Anna Maria Angelica lautete – war 1744 also bereits zehn und nicht zwei Jahre verheiratet und war acht Jahre älter, als Casanova angibt. Einige Kritiker haben behauptet, daß er dauernd seine Heroinen jünger machte; aber ist es nicht wahrscheinlicher, daß sie aus weiblicher Koketterie ihr Alter falsch angaben? Gerade durch die Widersprüche in diesem besonderen Fall wird die Wahrheit seiner Erzählung eher bestätigt als verfälscht.

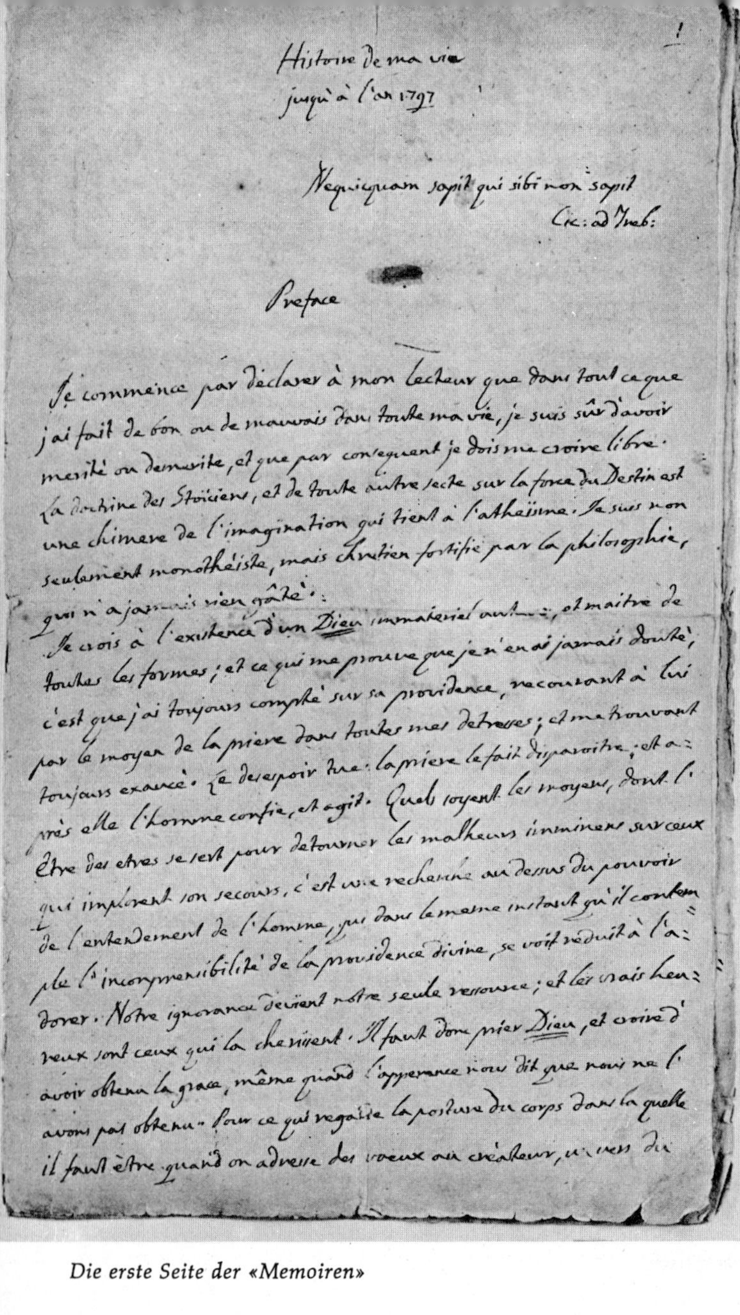
1

Histoire de ma vie
jusqu'à l'an 1797

Nequicquam sapit qui sibi non sapit
Cic: ad Treb:

Preface

Je commence par déclarer à mon lecteur que dans tout ce que
j'ai fait de bon ou de mauvais dans toute ma vie, je suis sûr d'avoir
mérité ou démérité, et que par conséquent je dois me croire libre.
La doctrine des Stoïciens, et de toute autre secte sur la force du Destin est
une chimere de l'imagination qui tient à l'athéisme. Je suis non
seulement monothéiste, mais chrétien fortifié par la philosophie,
qui n'a jamais rien gâté:
Je crois à l'existence d'un Dieu immatériel auteur, et maitre de
toutes les formes; et ce qui me prouve que je n'en ai jamais douté,
c'est que j'ai toujours compté sur sa providence, recourant à lui
par le moyen de la priere dans toutes mes detresses; et me trouvant
toujours exaucé. Le desespoir tue: la priere le fait disparoitre; et a=
près elle l'homme confie, et agit. Quels soyent les moyens, dont l'
Être des etres se sert pour detourner les malheurs imminens sur ceux
qui implorent son secours, c'est une recherche au dessus du pouvoir
de l'entendement de l'homme, qui dans le meme instant qu'il contem=
ple l'incompréhensibilité de la providence divine, se voit réduit à l'a=
dorer. Notre ignorance devient notre seule ressource; et les vrais heu=
reux sont ceux qui la chérissent. Il faut donc prier Dieu, et croire d'
avoir obtenu la grace, même quand l'apparence nous dit que nous ne l'
avons pas obtenu. Pour ce qui regarde la posture du corps dans la quelle
il faut être quand on adresse des voeux au créateur, un vers du

Die erste Seite der «Memoiren»

Der Wert dieser Endeckungen liegt darin, daß wieder einmal Charaktere der *Memoiren*, die man für fiktiv hielt, als Menschen aus Fleisch und Blut identifiziert werden konnten. Auf Grund dieser und anderer kürzlich getroffener Identifizierungen können wir der Skepsis von Gugitz, Curiel und gewissen gleichdenkenden Forschern entgegentreten, um mit Sicherheit zu behaupten, daß keine einzige Gestalt der *Memoiren* der Phantasie ihres Autors entstammt. Um das Inkognito der Monti-Familie zu wahren, übertrug Casanova nur einige der wirklichen Namen auf andere Personen und änderte überall die Zunamen. Im Gegensatz zur herrschenden Meinung war Casanova nämlich äußerst bedacht, die Identität der Damen von Stand zu wahren, mit denen er Liebesaffären hatte. Soweit es das Jahr 1744 betrifft, ist der Vorname der Personen, die er mit vollem Namen nennt, immer erfunden und der angegebene Familienname fast immer. Wenn er dagegen Initialen verwendet, die nicht wie Mlle. X. C. V. völlig willkürlich sind, können diese als repräsentativ für die wirklichen Namen genommen werden, da Casanova ohne Zweifel glaubte, daß in diesen Fällen der Gebrauch von Initialen genügend Schutz böte.

In Rom hätte er sein Glück im spanischen Sekretariat des Kardinals Acquaviva machen können, der damals wegen seiner Liebesgeschichten berühmter war als Casanova, wenn er nicht unfreiwillig in eine eigene Herzensaffäre verwickelt worden wäre. Um Französisch zu lernen, das für seine Laufbahn unerläßlich war, verpflichtete er einen römischen Advokaten, Dalacqua, als Lehrer, dessen Tochter Barbara dann und wann ihren Vater vertrat. Ein ungenannter Liebhaber wollte sie entführen, und als Barbara deswegen von der Polizeibehörde in Schutzhaft genommen werden sollte, gab Casanova einer edelmütigen Regung nach und versteckte sie im Palast des Kardinals. Er wird auch später mancher jungen Frau in Not selbstlos seine Freundschaft beweisen. Zwar gibt er offen zu, daß zuerst immer ihre Schönheit seine Sympathie erweckte, aber in jedem Fall kann das Gefühl für echte Ritterlichkeit bei ihm nicht bestritten werden. Der Kardinal erkannte, daß Casanovas Verhalten wohl unbesonnen, aber völlig ehrenhaft war; konnte sich jedoch nicht dem Verdacht aussetzen, daß er dessen Handlungsweise stillschweigend geduldet habe. Um der Entlassung Casanovas den Stachel zu nehmen, erbot er sich daher, ihm Empfehlungsbriefe mit fester Anstellungsgarantie für jedes Land zu geben, in das es ihn zog. Aus einer Augenblickslaune heraus nannte Casanova Konstantinopel und wurde sofort mit einem Brief an Bonneval Pascha versehen, einem ehemaligen französischen Adligen, der nach einer blendenden militärischen Karriere unter Ludwig XIV. seinen Glauben gewechselt hatte und in türkische Dienste getreten war.

Dies jedenfalls ist die Geschichte, die Casanova erzählt, um zu begründen, warum er die Protektion Acquavivas verlor. Die Strafe erscheint unverhältnismäßig schwer für das begangene Vergehen. Der Fürst de Ligne gibt auch in einem vorher veröffentlichten Abriß der *Memoiren*, gestützt auf die Lektüre des Manuskripts und vielleicht auf Gespräche mit Casanova selbst, eine andere Version: «Er nimmt einem Neffen des Papstes die Geliebte weg und entgeht der Gefahr, ermordet zu werden, durch die Flucht.»

Aus was für Gründen auch immer – er verließ Rom im März 1745 und brach überstürzt nach Venedig auf. In Ancona traf er unter den Mitgliedern eines Theater-Ensembles eine Schauspielerin namens Bellino – auch als Theresa Lanti bekannt –, die behauptete, ein Mann zu sein. Casanova mit seinen ausgedehnten Kenntnissen der weiblichen Anatomie ließ sich nicht täuschen. Als eine nähere Untersuchung seine Vermutung über ihr wirkliches Geschlecht bestätigte, verliebte er sich derart in ihren Charme, daß er ihr einen Heiratsantrag machte. Er wird noch vielen Frauen die Ehe antragen, vor der er jedoch jedesmal im entscheidenden Moment bewahrt bleibt. *Ich habe die Frauen manchmal bis zum Wahnsinn geliebt, aber immer habe ich meine Freiheit mehr geliebt; und stets, wenn ich in Gefahr war, sie zu verlieren, hat das Schicksal mich gerettet.*

In «Der Abenteurer und die Sängerin» hat Hugo von Hofmannsthal die Episode aus Theresas Leben, in der sie Casanova 1760 in Florenz wiedertrifft, dramatisch bearbeitet. Wenn sie auch nie den ersten Platz in seinem Herzen eingenommen hat, wie Henriette, so behauptete sie doch eine Vorrangstellung.

Im April 1745 war er wieder in Venedig, von wo er als Fähnrich nach Korfu weiterreiste. Nachdem er diese Stadt am 1. Juli in Begleitung Veniers, des venezianischen Botschafters in der Türkei, auf der «Europe» verlassen hatte, traf er am 17. September in Konstantinopel ein, um am 12. Oktober – nach einem Aufenthalt von weniger als einem Monat anstatt der drei von ihm angegebenen – wieder abzusegeln. Kein Abschnitt der *Memoiren* ist umstrittener als dieser. Kürzlich angestellte Untersuchungen rechtfertigen die Annahme, daß Casanova höchstwahrscheinlich die Türkei tatsächlich besucht hat. Jeder, der den Nahen Osten kennt, wird bestätigen, daß die eingestreuten Details aus dem täglichen Leben dem Bericht Casanovas eine überzeugende Glaubwürdigkeit verleihen. Seine Beschreibung der äußeren Erscheinung und der Gewohnheiten Bonnevals wird durch jüngst entdeckte, unveröffentlichte Dokumente verifiziert, in die er keine Einsicht haben konnte, als er die *Memoiren* schrieb. Daß er seiner Erzählung Kolorit gegeben hat, indem er gewisse Ereignisse romantisch verklärte, ist freilich wahrscheinlich.

Bonneval Pascha

Wie noch heute in vielen Teilen des Nahen Ostens, war die Trennung der Geschlechter in der Türkei des 18. Jahrhunderts absolut. Wenn wir jedoch Casanova glauben wollen, dann wurde er einmal von der Gattin des Türken Jussuff, dessen Bekanntschaft er bei Bonneval gemacht hatte, empfangen und durfte mit ihr allein sprechen. Bevor er sich ihr mit zärtlichen Absichten näherte, versuchte er, ihren Schleier zu entfernen – was sie so in Zorn versetzte, daß er seinen Plan aufgeben mußte. Als er die Geschichte später Bonneval erzählte, wurde er wegen seiner Unwissenheit über die Psychologie muselmanischer Frauen ausgelacht und darüber belehrt, daß eine Türkin jeden anderen Körperteil eher entblößen würde als ihr Gesicht. Casanova war höchst verärgert, als er hörte, daß er durch die falsche Richtung seines Angriffs einen leichten Sieg verschenkt habe.

Nichts ist treffender als Bonnevals Bemerkungen und wahrscheinlich ist zugleich nichts weiter von der Wahrheit entfernt als der von Casanova beschriebene Anlaß dazu. Es ist völlig unglaubwürdig, daß ein Türke von Stand Casanova Zutritt zu einem weiblichen Mitglied seiner Familie gewährt hätte.

Casanova berichtet uns auch, daß er bei Bonneval einen ehemaligen türkischen Außenminister, Ismail Effendi, getroffen habe. Kein Kommentator hat jemals zuvor diesen Ismail identifiziert, bis wir uns an Professor Norman Iyzkowitz, einen führenden Wissenschaftler für türkische Geschichte, wandten und von ihm die Auskunft erhielten, daß tatsächlich ein Ismail Effendi von 1730 bis 1736 als türkischer Außenminister gewirkt hat. Die verfügbaren Unterlagen weisen jedoch darauf hin, daß Ismail zwischen 1740 und 1741, also beinahe fünf Jahre vor Casanovas Aufenthalt in Konstantinopel, bei einer Pilgerfahrt nach Mekka gestorben ist. Wenn Casanova sich die Mühe machte, uns den richtigen Namen eines Außenministers zu nennen, erscheint es eigenartig, daß er nicht auch Sorge trug, einen zu zitieren, der noch bei seinem Besuch in Konstantinopel am Leben war. Es gibt mehrere solcher gelegentlichen Anachronismen und Anomalien in seiner Erzählung, die beinahe ebenso viele Fragen aufwerfen, wie sie an Antworten bereit halten. Manche von ihnen sind so verzwickt und so unvereinbar mit den Tatsachen, die uns zur Verfügung stehen, daß man versucht ist, zu glauben, Casanova habe sie absichtlich hier und da eingeworfen, um sich noch aus dem Grab heraus über uns lustig zu machen.

Bis 1745 lebte Casanova größtenteils von dem Witz, den er in so reichem Maße besaß und der ihn manchen mißlichen Augenblick bestehen ließ. Es erhebt sich die Frage, wie ein junger Mann von bescheidener Herkunft so mühelos bei solchen distinguierten Persönlichkeiten Einlaß fand und ihr Vertrauen gewann wie Kardinal Acquaviva, Bonneval, Bragadino, Crébillon, Kardinal de Bernis, Papst Clemens XIII., Marchese Caraccioli, Friedrich dem Großen, Katharina der Großen, Graf Lamberg, Fürst de Ligne und Benjamin Franklin – um nur die hervorragendsten zu nennen. In einem Zeitalter der gelehrten Bildung besaß Casanova ein großes Kapital in seiner Belesenheit; in einem Zeitalter, in dem die Kunst der Konversation sich zu hohen Graden entwickelte, war er berühmt für seinen brillanten Geist. Man kann vielleicht sagen, daß er der bedeutendste Kopf der europäischen Salons war. Fürst de Ligne, einer der bemerkenswertesten und welterfahrensten Europäer seiner Zeit, schätzte Casanova so ein, wenn er schreibt: «Jedes seiner Worte war eine Offenbarung und jeder seiner Gedanken ein Buch», um hinzuzufügen, er sei das interessanteste Original gewesen, dem er je begegnet sei. Das also waren die Fähigkeiten, durch die Casanova überall Einlaß fand.

Bei seiner Rückkehr von Konstantinopel und Korfu nach Venedig Ende 1745 freilich war er noch ein Unbekannter ohne finanziellen Rückhalt. Um seinen Lebensunterhalt zu verdienen, wurde er Geiger am Theater S. Samuele. Am Abend des 20. April 1746 verließ er eine Hochzeit, auf der er gespielt hatte, und bemerkte, wie ein Patrizier beim Betreten seiner Gondel einen Brief verlor. Casanova erstattete ihn seinem Eigentümer zurück, worauf dieser ihm anbot, ihn heimzufahren. Unterwegs erlitt sein Gastgeber einen Schlaganfall. Casanova war nie verlegen in Notlagen, und mit der Entschlußfreude, die so charakteristisch für ihn ist, begleitete er den Kranken zu seinem Palast, befahl, ihn zur Ader zu lassen, wies gebieterisch den herbeigerufenen Arzt zurück und verkündete, er würde bis zur Genesung des Patienten an seinem Bett bleiben. Wie sich herausstellte, war dieser kein Geringerer als der frühere Inquisitor und jetzige Senator Matteo Bragadino, der mit zwei anderen Junggesellen, Marco Dandolo und Marco Barbaro, zusammenlebte. Als er entdeckte, daß sie sich mit Okkultismus beschäftigten, in dem er selbst – wie in den meisten anderen Wissenszweigen – bewandert war, nutzte Casanova ihre Gutgläubigkeit aus und bot ihnen an, jede ihrer Fragen mit Hilfe eines kabbalistischen Orakels zu beantworten, das ihm angeblich von einem Eremiten mitgeteilt worden war. Dank seines erfindungsreichen Scharfsinns löste er erfolgreich die ihm gestellten

Das Theater S. Samuele in Venedig

Probefragen und versicherte sich dadurch ihrer lebenslänglichen Anhänglichkeit. Bragadino adoptierte ihn und setzte ihm ein monatliches Taschengeld von zehn Zechinen aus – etwa fünfundzwanzig Taler – die er bis zum Tode seines Gönners im Jahre 1767 erhielt. Später gesteht er: *Wenn ich mich streng an die Moral hätte halten wollen, so wird man einwenden, dann hätte ich mich entweder aus der Sache heraushalten oder aber sie* [die drei Patrizier] *nicht ausnutzen sollen. Dies muß ich jedoch verneinen, da ich mich nicht für stark genug hielt. Sie hätten mich ausgelacht, hätten mich als Ignoranten behandelt und entlassen. Sie wären mir dafür nicht dankbar gewesen, und ich spürte keine Neigung, die Rolle eines Apostels zu übernehmen. Und wenn ich den heroischen Entschluß auch gefaßt hätte, sie in dem Augenblick zu verlassen, in dem ich sie als Phantasten erkannte, so hätte ich die Moral eines Menschenfeindes haben*

müssen, die ebenso dem menschlichen Charakter, der Natur und selbstverständlicher Höflichkeit widerspricht, wie sie meinen eigenen Interessen widersprach. Ich war jung, wollte gut leben und alle Vergnügungen genießen, die man in diesem Alter begehrt. – Und hätte ich vielleicht Herrn Bragadinos Tod verschulden und die ehrenwerten Männer der Gefahr aussetzen sollen, das Opfer eines Spitzbuben zu werden, der sich möglicherweise bei ihnen eingeschlichen und sie ruiniert hätte, indem er sie zur schimärischen Operation des großen Werkes [des Okkultismus] *überredete? Außer solchen Erwägungen hinderte mich auch eine unüberwindliche Eigenliebe, mich ihrer Freundschaft durch meine große Unwissenheit, meinen Stolz und Mangel an Höflichkeit für unwürdig zu erklären, deren ich schuldig geworden wäre, wenn ich ihre Anträge zurückgewiesen hätte.*

Wie war es möglich, daß Männer von Distinktion so leicht betrogen werden konnten? Obwohl das 18. Jahrhundert ein Zeitalter der Aufklärung war, stand es zugleich im Geist einer großen Leichtgläubigkeit. Wissenschaftler konnten die Gesetze der Gravitation akzeptieren und zugleich an den Stein der Weisen glauben. So kluge Frauen wie die Duchesse de Chartres, die Comtesse du Rumain und die Marquise d'Urfé taten alles, um in den Genuß der kabbalistischen Kräfte Casanovas zu gelangen, wobei letztere sein Vermögen noch großzügiger vermehrte als Bragadino.

Unter dem Patronat Bragadinos führte Casanova in Venedig drei Jahre lang das sorglose Leben eines Edelmannes. Offiziell im Büro eines Advokaten, Marco Leze, beschäftigt, widmete er den größten Teil seiner Zeit der Liebe und dem Glücksspiel. Dieselbe Ritterlichkeit, die er Barbara Dalacqua entgegengebracht hatte, zeigte er, als er sich in die schöne junge Gräfin A. S. verliebte, obwohl diesmal der Ausgang für ihn befriedigender war. Durch Zufall schloß er Bekanntschaft mit einem anderen Mädchen, Christina, und fand für sie einen Gatten, nachdem er selbst ihre Liebe genossen hatte — ein Verfahren, das er später oft wieder anwenden wird. Wenn er auch häufig falsche Versprechungen machte, so war er doch immer galant genug, seine Liebschaften — mit einem anderen Mann freilich — zu verheiraten.

Anfang 1749 mußte er Venedig wegen einiger unglücklicher Streiche verlassen und besuchte Mailand und Mantua. Dort begegnete er einem gutgläubigen Narren, der behauptete, das Messer zu besitzen, mit dem der heilige Petrus dem Malchus das Ohr abgeschlagen hatte. Casanova merkte, daß er es mit einem Gimpel zu tun hatte, erklärte sich bereit, ihm für tausend Zechinen die fehlende Scheide zu verkaufen und ihm dadurch ein Instrument in die Hand zu geben, das verborgene Schätze heben könnte. Nachdem er aus altem Schuhleder eine Scheide verfertigt hatte, wurde der Handel geschlossen, und Casanova traf Vorbereitungen für den Vollzug der magischen Riten auf dem Landgut eines gewissen Franzia, wo nach einer alten Überlieferung ein solcher Schatz zu finden war. Die Zeremonien, die ihn ans Licht bringen sollten, wurden jedoch durch ein so schreckliches Gewitter unterbrochen, daß selbst der furchtlose Casanova in Entsetzen geriet.

Die Beschreibung der Riten läßt übrigens erkennen, daß er mit der Praxis der Magie genau so vertraut war wie mit der anderer okkulter Wissenschaften. Auch zeigt sich, daß er so geschickt die menschliche Habgier auszunutzen verstand wie der durchtriebenste Bauernfänger unserer Zeit.

Er beschloß, nach Neapel zurückzukehren, aber in dem Gasthaus

Der Markusplatz in Venedig. Gemälde von Francesco Guardi

von Cesena, wo er abgestiegen war, machte er die Bekanntschaft eines glänzend aussehenden jungen Mädchens und änderte seine Pläne. Es war Henriette, die, aus einer vornehmen Familie von Aix-en-Provence stammend, sich ein oder zwei Jahre zuvor verheiratet hatte. Im Augenblick befand sie sich in Gesellschaft eines älteren ungarischen Offiziers, der sie in Civitavecchia getroffen und sie überredet hatte, der Vormundschaft eines ihr verhaßten Schwiegervaters zu entfliehen.

Casanova begehrte sie vom ersten Augenblick an. Der Ungar war um so eher bereit, sie ihm abzutreten, als er nur Deutsch, Ungarisch und Latein sprach und sich nicht mit ihr unterhalten konnte. Mit Casanova sprach er Lateinisch – eine damals durchaus übliche Gepflogenheit, die – wie viele andere alte Bräuche – in den *Memoiren* der Vergessenheit entrissen wird. So berichtet uns Casanova auch, daß Henriette die Oper in Parma ungeschminkt besuchte – zweifellos deshalb, weil sie nicht als Französin erkannt werden wollte. Im 18. Jahrhundert galt der Gebrauch von Rouge nämlich als typisches Kennzeichen der vornehmen Französinnen, die nur geschminkt bei Hofe zugelassen wurden. Dem gemeinen Volk dagegen waren solche Schönheitsmittel verboten. In anderen europäischen Ländern wiederum schminkten sich fast nur die Prostituierten. Erst nach dem Ende des Ersten Weltkrieges wurde der Gebrauch von Lippenstift und Puderquaste international.

Nachdem Henriette das Abkommen zwischen dem Ungarn und Casanova gutgeheißen hatte, begleitete dieser sie nach Parma, das damals unter der Herrschaft Don Philipps von Spanien und seiner Gemahlin, der Tochter Ludwigs XV., Madame de France, stand. Mehrere Monate blieben sie dort, bis Henriette von einem provenzalischen Adligen im Gefolge Don Philipps, Herrn d'Antoine-Blacas, erkannt und gezwungen wurde, nach Aix zurückzukehren. Casanova durfte sie bis Genf begleiten. Bevor sie sich von ihm trennte, ritzte sie unbemerkt mit der Spitze eines Diamanten in die Fensterscheibe ihres Zimmers im Hôtel des Balances: «Tu oublieras aussi Henriette.» Nach ihrer Abreise entdeckte Casanova die Inschrift, die man noch 1828 Lord Malmesbury als Sehenswürdigkeit zeigte.

Vielleicht hat keine Frau Casanova je so gefesselt wie Henriette; nur von wenigen wurde er so verstanden. Schon zu Beginn ihrer Bekanntschaft widerstand sie der Versuchung, ihr Schicksal mit dem seinen zu verbinden. Sie lernte seine unbeständige Natur verstehen, die Wurzellosigkeit seiner gesellschaftlichen Existenz und die prekäre finanzielle Lage, in der er sich befand. Bevor sie ihn verließ, steckte sie ihm fünfhundert Louisdors als Ausdruck ihrer Wertschätzung zu. Zweimal traf sie ihn wieder, 1763 und 1769, aber beide

Karikatur aus dem 18. Jahrhundert, angeblich Casanova darstellend

Manon Balletti

Male gab sie sich nicht zu erkennen. Sie wußte, daß er sie — auf seine Art — liebte, aber nach der Erfahrung des Jahres 1749 hütete sie sich vor einem Wiedersehen. Casanova erwähnt sie 1763 noch einmal flüchtig, aber nie hat er ernsthaft versucht, ihre Haltung ihm gegenüber zu analysieren. Wenn wir ihre gegenseitigen Beziehungen verstehen wollen, müssen wir zwischen den Zeilen seiner Erzählung lesen, deren Untertöne ihm selbst vielleicht nie bewußt wurden. Er war zu egozentrisch, um sich jemals von seinen eigenen Gefühlen distanzieren zu können.

Von Genf kehrte er über Parma, wo er einige Wochen verweilte, nach Venedig zurück, verließ aber seine Heimatstadt schon wieder nach einem nur zweimonatigen Aufenthalt im Juni 1750, um Paris zu besuchen. Er reiste in Begleitung eines Schauspielers, Antoine Balletti, der als Sohn der berühmten Silvia und ihres Gatten Joseph selbst von Schauspielern abstammte und mit Casanova dadurch in Beziehung stand, daß sein Vater ein Sohn der Fragoletta war, die ihrerseits einmal die Geliebte von Casanovas Vater gewesen war. Später wird sich wiederum die Tochter Silvias, Manon Balletti, in Casanova verlieben. Wir besitzen einundvierzig Briefe von ihr aus seinem Nachlaß, die eine tiefe Liebe verraten und — auf seiner Seite — die übliche Unbekümmertheit, die sein Verhältnis zu Frauen bestimmte.

Durch Silvia — damals das Idol Frankreichs — wurde Casanova in die Welt des Theaters und der Literatur eingeführt. Kurz nach seiner Ankunft im August hatte er das Glück, in ihrem Hause Crébillon zu treffen. Casanova erzählte ihm, daß er vor allem nach Frankreich gekommen sein, um *mit ganzem Herzen* die französische Sprache und Literatur zu studieren. Er sprach jedoch seine Befürchtung aus, nur schwer einen Lehrer zu finden, da er als Schüler *unausstehlich, fragelustig, neugierig, zudringlich und unersättlich* sei – eine ausgezeichnete Selbstdarstellung. Crébillon erklärte, daß er einen solchen Schüler fünfzig Jahre lang gesucht habe und ihm lieber selbst etwas für die Lektionen bezahlen, als sich von ihm honorieren lassen wolle, wenn der Unterricht zustandekäme. Seine Reaktion zeigte, daß Casanova schon mit fünfundzwanzig Jahren ungewöhnliche geistige Talente gehabt haben muß, um einen so hervorragenden Schriftsteller für sich zu interessieren. Crébillon gab ihm ein Jahr lang wöchentlich drei Sprachstunden, dennoch gesteht Casanova, daß er sich nie von gewissen Italizismen befreien konnte. Seine veröffentlichten Werke legen davon reichlich Zeugnis ab.

Er schloß ebenfalls Bekanntschaft mit d'Alembert, Fontenelle und Abbé Voisenon, den er anregte, Versoratorien zu schreiben. Neben der französischen Sprache suchte er sich auch im Menuett zu vervollkommnen und nahm Unterricht bei einem früheren Operntänzer, Marcel, der sich durch solche Tanzstunden einen Ruf erworben hatte.

Zur gleichen Zeit leistete er dem Theater seinen ersten Beitrag durch die Übersetzung von Cahusacs «Zoroastre». Das Stück, das er auf Wunsch des sächsischen Gesandten ins Italienische übertrug, wurde im Dezember 1752 unter Mitwirkung seiner Mutter und seiner Schwester in Dresden inszeniert. Einige Monate später, am 24. Juli 1752, führte die Comédie Italienne in Paris das Drama *Les Thessaliennes* auf, das er zusammen mit Le Prévost d'Exmes geschrieben hatte. Es ging jedoch nur viermal über die Bühne. Die Besprechung des Stückes im «Dictionnaire des Théâtres» hebt die Begabung des jungen Autors hervor und gibt damit den vielleicht ersten gedruckten Hinweis auf Casanova.

Als Theaterliebhaber war er von der Comédie Française bezaubert. Bei einem seiner Theaterbesuche besaß er die Kühnheit, die Marquise de Pompadour und den ebenso berühmten Duc de Richelieu in ein Gespräch zu ziehen. In Fontainebleau sah er zum ersten

Prosper Jolyot de Crébillon

Zwei Darstellungen der Louison O'Murphy, von François Boucher

Mal Ludwig XV. und die Königin. Wie andere Besucher genoß er das Privileg, ihr beim Abendessen zuschauen zu dürfen, und fühlte sich durch ihre Frage beeindruckt, ob das servierte Mahl ein Hühnerfrikassee sei. Er versäumt es jedoch, ihre Neugier mit der Tatsache zu erklären, daß dieses Gericht erst kürzlich in Frankreich eingeführt worden war.

An der Oper traten zwei der berühmtesten Tänzer seiner Zeit auf, Louis Dupré und Marie de Camargo, die er beide sah. Letztere hatte das *tutu* oder Ballettröckchen an Stelle der klassischen Tunika in Frankreich eingeführt. Casanova war tief beeindruckt von der französischen Oper, die bei weitem die italienische übertraf. Mit Bewunderung vermerkt er, wie präzis der Dirigent das Orchester mit Hilfe des damals in Italien noch unbekannten Taktstockes leitete.

Seiner Wohnung in Paris gegenüber lag das Haus, in dem Marie-Louison O'Murphy lebte, die von 1751 bis 1754 die Geliebte Ludwigs XV. war. Casanova, der sie Helen nennt, war so von ihrer Schönheit hingerissen, daß er sie von einem deutschen Maler malen ließ. Das Bild zeigte sie auf dem Bauche ausgestreckt, den Kopf geneigt und die unteren Gliedmaßen entblößt. Seinem Bericht zufolge brachte Herr de Saint-Quentin das Porträt dem König, der darauf den Wunsch ausdrückte, das Original kennenzulernen. Wenige Tage später wurde sie Ludwig XV. durch seinen Kammerdiener Lebel vorgestellt. Casanova erzählt weiter, daß sie in Ungnade fiel, als sie, durch Mme. de Valentinois angestiftet, dem König eine indiskrete Frage über seine ehelichen Gewohnheiten stellte und dadurch seinen Zorn auf sich zog.

In seinen «Memoires historiques» (Paris 1802) berichtet Soulavie im Wesentlichen dieselbe Geschichte, ohne Casanova oder Saint-Quentin zu nennen, der jedoch «der junge Höfling» gewesen sein mochte, dem er die Vermittlung des Bildes zuschreibt. In Soulavies Bericht ist es aber Mme. d'Estrées, die O'Murphy zu ihrer prekären Frage verleitete. Als letzter hat Jean Adhémar in der «Revue Française» (Juni 1957) die Einzelheiten überprüft. Er schenkt Casanovas Erzählung Glauben und nimmt an, daß der deutsche Miniaturmaler wahrscheinlich Johann Anton Peters war, der damals in Paris lebte und als Kopist Bouchers einen gewissen Ruhm genoß. Zwei zeitgenössische Quellen geben gar Boucher selbst als Urheber des Porträts an und verweisen auf zwei Bilder, von denen das eine sich nun in München und das andere im Louvre befindet. Die Miniatur von Peters, die in jedem Detail mit einem der Porträts von Boucher übereinstimmt, hängt jetzt in der Wallace-Sammlung in London.

Nachdem er Paris im Oktober 1752 in Begleitung seines Bruders Francesco verlassen hatte, reiste Casanova nach Dresden, wo seine Mutter eine bevorzugte Stellung am kurfürstlichen Hof einnahm. Während seines dortigen Aufenthalts bis zum März 1753 schrieb er ihr zu Gefallen *La Moluccheide*, ein Stück, von dem wir nur noch das Programm mit einer Inhaltsangabe und einer Aufzählung der handelnden Personen besitzen. Es wurde am 22. Februar 1753 in Dresden uraufgeführt.

Kurz danach brach er nach Prag auf und nahm seinen Weg über Wien, wo er sich länger als einen Monat aufhielt und seine Zeit dem Glücksspiel und einigen schönen Damen widmete, die alle aus guter Familie kamen. Dadurch genossen sie das Vorrecht, von den Keuschheitskommissaren unbehelligt zu bleiben, die von der Kaiserin Maria Theresia eingesetzt waren, um den illegitimen Liebesgenuß zu unterbinden. Es lag jedoch nicht in seinem Charakter, über solche Abenteuer ernstere Dinge zu vernachlässigen.

Er besaß einen Empfehlungsbrief an Metastasio und führte ein langes Gespräch mit dem berühmten Hofpoeten, dessen Gesellschaft er wieder aufsuchte, als er dreizehn Jahre später nach Wien zurückkehrte. Am 29. Mai 1753 traf er nach dreijähriger Abwesenheit wieder in Venedig ein und wurde herzlich von seinen drei vornehmen Gönnern empfangen.

Abenteuer mit Nonnen, Unter den Bleidächern

Wie viele Memoirenschreiber verwechselt Casanova Ereignisse, die sich nacheinander an den gleichen Orten abspielten. Außerdem zieht er zu Datierungen willkürlich den venezianischen Kalender heran, nach dem das Jahr am 1. März beginnt. Beide Umstände machen es schwer, der Chronologie der von ihm berichteten Geschehnisse zu folgen – besonders derjenigen aus den Jahren 1753–1755, die er unbekümmert mit verschiedenen Episoden des Jahres 1748 vermischt. So sieht sich der Forscher, der Casanovas Leben zu rekonstruieren versucht, manchmal vor die Aufgabe gestellt, ein Puzzlespiel zusammenzusetzen.

Eine weitere Eigenart der *Memoiren* liegt in der Berechnung der Tageszeit. Im 18. Jahrhundert begannen in Italien die vierundzwanzig Stunden des Tages mit dem Untergang der Sonne, wie noch heute in Arabien. Auf diese Weise wurden im Orient seit undenklichen Zeiten die Stunden gezählt. Wahrscheinlich haben Kreuzfahrer oder frühe venezianische Kaufleute diese Gepflogenheit des Nahen Ostens nach Italien gebracht.

Kein Abschnitt der *Memoiren* hat vielleicht so die Neugier erregt wie der, der sich mit den beiden Nonnen, C. C. und M. M., beschäftigt. Die Episode wurde eingeleitet durch eine zufällige Begegnung zwischen Casanova und dem Bruder C. C.'s, einem P. C. Nach den *Memoiren* traf Casanova diesen P. C., der von Brunelli als Pietro Capretta identifiziert wurde, unmittelbar nach seiner Rückkehr nach Venedig im Jahre 1753. Aus Liebe zu C. C. erklärte sich Casanova bereit, einen wertlosen Wechsel von ihrem Bruder zu akzeptieren. Es liegen freilich Dokumente vor, die beweisen, daß Casanova wegen eines solchen Wechsels nicht erst 1753, sondern bereits im August 1748 mit Pietro Capretta in Verbindung trat. Wir müssen also annehmen, daß er schon 1748 Caprettas Bekanntschaft machte. Aus den *Memoiren* geht weiter hervor, daß er die Schwester Caprettas C. C. – Catarina Capretta – erst nach der Begegnung mit ihrem Bruder kennenlernte. Alle uns zur Verfügung stehenden Fakten deuten mit größerer Wahrscheinlichkeit darauf hin, daß er C. C. im Mai 1753 zum ersten Male sah. Anfang Juni dann machte er ihr den Hof und hielt um ihre Hand an. Noch im gleichen Monat wurde das Verhältnis von ihrem Vater entdeckt und Catarina in das Kloster S. Angelo in Murano geschickt.

Im Sommer 1753 besuchte Casanova häufig die Kapelle von S. Angelo, um von C. C. gesehen zu werden und sie von seiner unveränderten Treue zu überzeugen. Eine Nonne desselben Klosters, die bildhübsche und laszive M. M., bemerkte ihn und schickte ihm einen Brief, in dem sie ihn dringend um ein Rendezvous bat. Bei der ersten Begegnung entdeckte sie ihm, daß sie nicht nur die Geliebte des französischen Botschafters, de Bernis, sei, sondern auch die C. C.'s. De Bernis stand im Begriff, nach Frankreich zurückzukehren, und obwohl wir keine Andeutung darüber bei Casanova finden, ist es ziemlich wahrscheinlich, daß der Botschafter M. M. ermutigt hatte, einen anderen Liebhaber zu nehmen, um die Trennung von ihm leichter zu ertragen. De Bernis besaß eigenartige Neigungen, die er als verborgener Zuschauer bei der ersten Liebesnacht Casanovas und M. M.'s befriedigte. Sie verbrachten diese Nacht in dem Lusthaus des Botschafters, das de Bernis seiner Geliebten zu dem Zweck überlassen hatte. Es folgte eine Reihe ausgelassener Soupers, an denen Casanova, M. M. und de Bernis teilnahmen. Zu einem dieser Abendessen wurde C. C. hinzugezogen, eines verbrachte Casanova mit M. M. und C. C. allein, und bei einem anderen mußte er der geschickten Diplomatie des Botschafters weichen und ihm seinen Platz abtreten.

Was diese schlüpfrigen Episoden so bemerkenswert macht, ist

weniger ihr Inhalt als das Licht, das sie auf die Sitten und Moralbegriffe jenes Zeitalters werfen. In dieser Hinsicht verdienen sie eine sorgfältige Untersuchung, und so ist lange die Frage erörtert worden, inwieweit Casanovas Erzählung auf Tatsachen beruht. Daß gewisse Nonnen damals in Venedig heimliche Liebesbeziehungen unterhielten, ist historisch beglaubigt; daß gewisse katholische Geistliche wegen ihres ausschweifenden Lebenswandels berüchtigt waren, ist gleichermaßen überliefert. Ein solcher Lebenswandel stände durchaus nicht im Widerspruch zu dem Charakter de Bernis', soweit wir ihn kennen. Alles deutet darauf hin, daß Casanova in Venedig mit dem Botschafter verkehrte. Wir besitzen nicht nur das Zeugnis der *Memoiren*, sondern auch das eines anderen Werkes, *A Leonard Snetlage*, worin Casanova berichtet, daß er 1754 oft *köstliche Nächte* im *casine* (Lusthaus) des französischen Botschafters verbracht habe. Es gibt überdies einen Hinweis auf eine venezianische Dame, die, wie es heißt, mit Wissen der Polizei die «bonne amie d'un ministre étranger» war. Außerdem hat Samaran in der Korrespondenz de Bernis' eine Anspielung darauf gefunden, daß der Botschafter gerade zur fraglichen Zeit eine Liebschaft mit einer Nonne unterhielt. Daß Casanova seine reiche Phantasie zu Hilfe nahm, um die wollüstigen Szenen, die er beschreibt, noch auszumalen, ist durchaus möglich. Sein Bericht kann jedoch nicht verächtlich mit einem Schulterzucken abgetan werden wie bei Masson, dem offiziellen Apologeten des Botschafters. Ein Geschworenengericht, das die Indizien sorgfältig prüfte, würde de Bernis eher mangels Beweise als wegen erwiesener Unschuld freisprechen.

Während die Fäden dieser Intrige gesponnen wurden, zog sich über Casanova ein Gewitter zusammen. Als er noch mit de Bernis, M. M. und C. C. zusammentraf, beauftragten die venezianischen Inquisitoren einen ihrer Spione, G. B. Manuzzi, ihn zu beobachten und ihnen über seine Machenschaften zu berichten. Man hat in den venezianischen Archiven sechs dieser Berichte gefunden, die sich über den Zeitraum vom 11. November 1754 bis zum 24. Juli 1755 erstrecken. Sie schildern ihn als einen Mann, der gewohnheitsmäßig anderen auf der Tasche liegt und die Bekanntschaft leichtgläubiger oder lasterhafter Menschen sucht, um ihnen bei ihren Ausschweifungen dienlich zu sein. Nachdem ihm «der Ruin Bragadinos» zur Last gelegt ist, «dem er viel Geld aus dem Beutel gezogen hat», wird behauptet, er habe «unter dem Titel eines Schriftstellers» verschiedene Länder bereist und «durch seine geschickte Zunge» viele Adlige kennengelernt; außerdem «soll er nach allgemeiner Meinung beim Kartenspiel betrügen». Seine Freundschaft zu den Memmo Brüdern wird ihrer gemeinsamen epikureischen Philosophie zugeschrieben.

Er sei «mit vielen Ausländern» und «mit der Blüte der Jugend» befreundet, statte vielen Mädchen und verheirateten Frauen Besuche ab. Er «versucht immer, sich Fortuna dienstbar zu machen», wobei «es ihm nie an Geld fehlt». Mit einem Wort: das Bild, das hier von ihm gezeichnet wird, ist genau das des liederlichen jungen Nichtstuers, wie es ihn in allen Städten der Welt seit den Tagen Babylons gegeben hat.

Kardinal de Bernis

Was jedoch Manuzzi am meisten entrüstete, war ein von Casanova vorgetragenes Gedicht, das er wegen seines freigeistigen Tenors für schandbar hielt. «Das religiöse Thema wird in einer erstaunlichen Weise behandelt, denn er spricht sowohl direkt als auch indirekt von der Begattung.» Es ist klar, daß Manuzzi, wie die meisten Spione, bemerkenswert wenig Sinn für Humor besaß; er hatte eine jugendliche Verssatire Casanovas als Ausdruck echter Überzeugungen gedeutet. Im Venedig des 18. Jahrhunderts pflegte man jedoch die leichtfertige Behandlung religiöser Dinge nicht als Bagatelle zu nehmen.

Am 20. Juli befahl der Sekretär der Inquisition, daß Manuzzi sich «das Gedicht verschaffen sollte», und am 24. Juli wurde Messer Grande beauftragt, «G. Casanova zu verhaften, seine gesamten Papiere zu beschlagnahmen und ihn unter die Bleidächer zu bringen». Der Befehl wurde in der Nacht vom 25. auf den 26. Juli ausgeführt. Der unmittelbare Anlaß zur Inhaftierung ist im Dienstbuch des Sekretärs der Inquisition unter dem 21. August 1755 verzeichnet: «Nachdem das Tribunal Kenntnis erhalten hat von den schweren Vergehen, die G. Casanova vor allem gegen die heilige Religion begangen hat, ließen Ihre Exzellenzen ihn arrestieren und unter die Bleidächer schaffen.» Eine Note vom 12. September besagt, daß er «zu fünf Jahren verurteilt wurde». Eine Gerichtsverhandlung fand nie

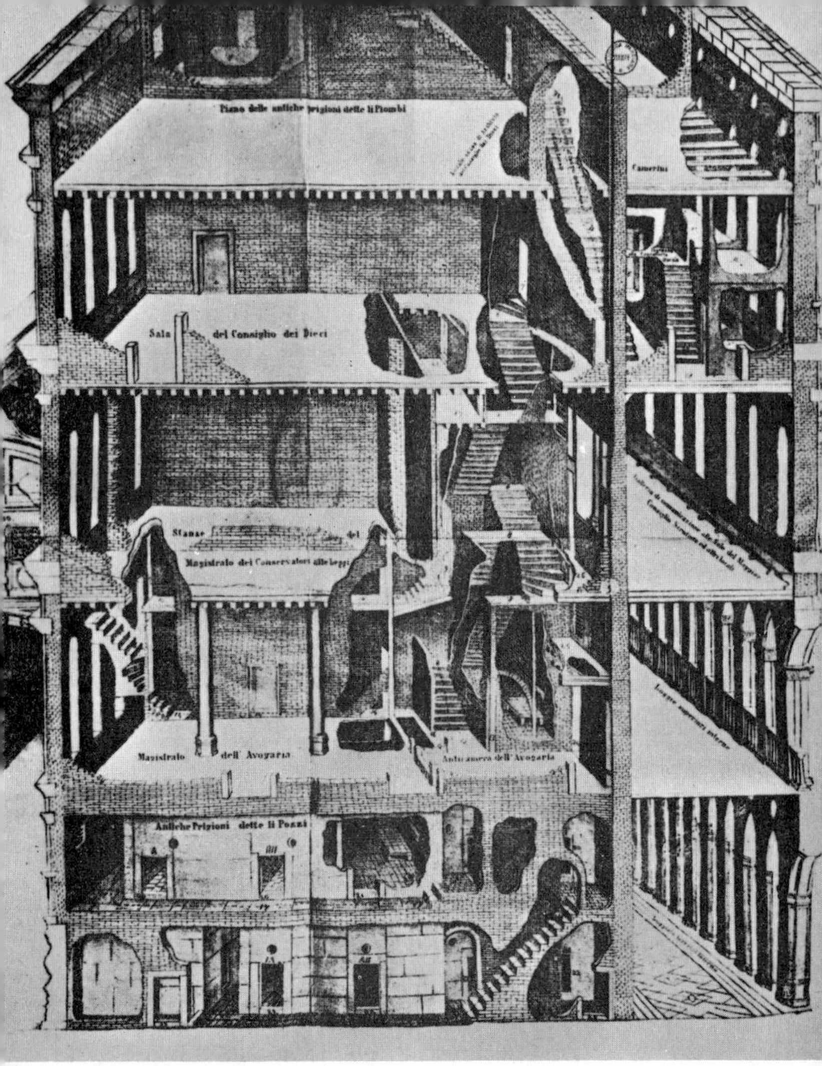

Die Bleikammern in Venedig

statt, und Casanova erfuhr weder den Grund für seine Einkerkerung, noch deren Dauer. Da Ausschweifungen und Betrügereien beim Kartenspiel damals gang und gäbe waren, ist der eigentliche Grund wahrscheinlich in der Feindschaft zu suchen, die Antonio Condulmer, einer der drei Inquisitoren, Casanova entgegenbrachte, weil dieser seiner Geliebten allzu eifrig den Hof machte. Vielleicht hat Condulmer die Berichte Manuzzis und die Beschwerde Mme. Memmos, daß Casanova ihre Söhne gegen die Religion einnähme, dazu ausgenutzt, einen so gefährlichen Nebenbuhler aus dem Weg zu schaffen. Das jedenfalls ist die Ansicht, die Casanova später vertrat.

Er befand sich nun in einem der sichersten Gefängnisse der Welt, aus dem noch nie zuvor jemand ausgebrochen war. Sein Name stammte daher, daß die Platten, die das Dach des ehemals herzoglichen Palastes bedeckten, aus Blei waren. Nach einigen Monaten begann Casanova, an seiner Freilassung zu zweifeln, und überdachte seine Lage. Mit jenem Mut und jener Findigkeit, die er in so reichem Maße besaß, fing er bald darauf an, Pläne zu seiner Befreiung ins Werk zu setzen. Später wird er schreiben: *Ich bin immer der Meinung gewesen, daß ein Mann, der sich entschieden einsetzt, etwas zu tun, und an nichts anderes denkt, alle Hindernisse, die ihm im Wege stehen, überwinden wird; ein solcher Mann kann Papst oder Großwesir werden, er kann eine festgegründete Monarchie stürzen — vorausgesetzt, daß er die Gelegenheit beim Schopf zu packen versteht und ein Mann von Klugheit und Ausdauer ist.* Es sollte sich erweisen, daß er ein solcher Mann war.

Casanova durfte sich täglich eine halbe Stunde auf dem Dachboden Bewegung machen, und bei dieser Gelegenheit entdeckte er eine Eisenstange, anderthalb Fuß lang und daumendick. Es gelang ihm, sie an sich zu bringen und unter dem Sitz seines Sessels zu verbergen. Mit Hilfe eines Marmorbrockens, den er als Wetzstein benutzte, spitzte er die Stange zu einem achtseitigen Spieß zu. Das nächste Problem war, sich eine Lampe zu beschaffen, um in der Dunkelheit der Zelle arbeiten zu können. Ein Suppennapf diente ihm als Gefäß. Brennstoff lieferte ihm das Öl, mit dem sein Salat bereitet wurde; die baumwollene Steppdecke versorgte ihn mit Dochten. Unter dem Vorwand, an Zahnschmerzen zu leiden, bat er seinen Wärter, Lorenzo, ihm einen Flintstein zu besorgen, der, mit Essig getränkt, die Schmerzen lindern würde. Zur Heilung eines Hautausschlages wurde ihm vom Arzt Schwefel verschrieben, den er in Form von Zündhölzern von Lorenzo erhielt. Schließlich erinnerte er sich, daß er seinem Schneider befohlen hatte, die Achseln seines Rockes zum Schutz des Stoffes gegen Schweiß mit Zunder auszulegen. Nachdem er sich so das Zubehör für seine Lampe auf geniale Weise beschafft hatte, machte er sich ans Werk. Er arbeitete täglich sechs Stunden und hatte am 23. August 1756 den Fußboden der Zelle durchbrochen. Den Tag seiner Flucht setzte er auf den 27. August fest. Am 25. August hörte er zu seinem Entsetzen, wie der Riegel vor der Tür zurückgeschoben wurde. Lorenzo trat ein, um ihm eine – wie er dachte – willkommene Nachricht zu bringen: Casanova sollte in eine bequemere Zelle überführt werden! Sein einziger Trost war, daß er Zeit fand, den Spieß im Sessel zu verstecken. Mit diesem und anderem persönlichen Eigentum bezog er sein neues Quartier und erwartete den Sturm, der nach der Entdeckung des aufgerissenen Fußbodens losbrechen mußte.

Zwei Stunden blieb er in qualvoller Ungewißheit. Dann erschien schließlich Lorenzo, außer sich vor Wut, und verlangte das Werkzeug, mit dem der Boden durchbrochen worden war. Völlig kaltblütig erklärte Casanova, nichts darüber zu wissen. Eine Durchsuchung seiner Habseligkeiten brachte den im Sessel versteckten Spieß nicht zutage. Als Lorenzo ihm Mittel androhte, ihn zum Sprechen zu bringen, erwiderte Casanova gelassen, er würde nur vor den Inquisitoren aussagen und dann behaupten, das Werkzeug vom Wärter selbst erhalten zu haben. Lorenzo ließ sich einschüchtern und wagte nicht, den Vorfall zu melden. Seine Nachgiebigkeit ging sogar so weit, daß er kurz darauf Casanova erlaubte, Bücher mit einem anderen Gefangenen auszutauschen. Freilich spielte dabei auch seine Habgier eine Rolle, da Casanova ihm regelmäßig den Überschuß aus seinem monatlichen Taschengeld zukommen ließ und der Wärter natürlich ein Interesse daran hatte, die Ausgaben des Häftlings für Lesestoff so niedrig wie möglich zu halten.

Der Austausch von Büchern ermöglichte den Austausch von Nachrichten. Casanovas Briefpartner war ein lasterhafter Mönch namens Marino Balbi. Da seine Zelle nach dem ersten Ausbruchversuch unter ständiger Kontrolle stand, schlug Casanova dem Mönch vor, ihm den Spieß zukommen zu lassen. Mit diesem solle er die Decke seines Gefängnisses durchbrechen und hierauf ein Loch in die Mauer stoßen, die sie voneinander trennte. Dadurch würde er auf den Boden über Casanovas Zelle gelangen, deren Decke er dann nur noch zu durchbrechen brauche, um ihnen beiden den Weg in die Freiheit zu öffnen.

Die Schwierigkeit bestand jetzt darin, Balbi den Spieß zu schikken. Casanova ließ sich von Lorenzo eine große Folio-Bibel besorgen, in deren Pergamenteinband das Instrument verborgen werden konnte. Um eine Entdeckung der Waffe so gut wie unmöglich zu machen, verfiel Casanova auf folgende Idee: Er sprach Lorenzo gegenüber den Wunsch aus, seinem Mitgefangenen nicht nur die Bibel, sondern auch einen großen Teller Makkaroni als Geschenk zu überreichen. Lorenzo selbst half ihm bei der Zubereitung des Gerichts, und nachdem Casanova die volle Schüssel so auf die Bibel gestellt hatte, daß sie den darin enthaltenen Spieß völlig verbarg, trug der schwachköpfige Wärter das Ganze gehorsam zu Balbi.

Wie verabredet führte der Mönch seine Aufgabe nach den Instruk-

Die Flucht aus den Bleikammern. Kupferstich aus der Erstausgabe der «Geschichte meiner Flucht», 1788

tionen Casanovas aus. Als Balbi in der Deckenöffnung erschien, knotete Casanova hastig aus Bettlaken das Seil zusammen, das sie für ihre Flucht benötigten. Dann entfernten sie eine der Bleiplatten des Daches, kletterten auf den Giebel und überdachten ihre Lage. Casanova entdeckte ein Bodenfenster über der Dachrinne, ließ sich hinunterrutschen und setzte sich rittlings darauf. Mit dem Spieß entfernte er das Fenstergitter. Dann ließ er Balbi am Seil in das darunter liegende Dachgeschoß. Er selbst mußte auf eine andere Möglichkeit sinnen, da sich der Strick nirgends befestigen ließ und der Dachboden zu tief lag, um hinunterzuspringen. Nach einigem Suchen fand er eine Leiter, die Arbeiter auf dem Dach vergessen hatten, und brachte sie mit großer Schwierigkeit durch das Fenster. Dabei glitt er auf den glatten Bleiplatten aus und hing einen Augenblick später nur noch mit Brust und Ellbogen über der Dachrinne. Mit übermenschlicher Anstrengung zog er sich hoch, gelangte wieder ans Fenster und kletterte die Leiter hinunter.

Glücklicherweise war die Tür des Raumes, in dem sie sich befanden, unverschlossen. Im angrenzenden Zimmer mußten sie sie mit dem Spieß aufbrechen und gelangten dann in die herzogliche Kanzlei. Wieder fanden sie die Tür verschlossen, aber da sie aus Holz war, hatten sie sie in einer halben Stunde geöffnet. Sie gingen zwei Treppen hinunter und kamen an das Hauptportal, das sie unmöglich aufbrechen konnten. Als sie aus dem Fenster blickten, wurden sie von einigen Müßiggängern gesehen, die sich zufällig im Hofe des Palastes aufhielten und sofort den Pförtner verständigten. Wenig später öffnete er ihnen im Glauben, sie über Nacht eingeschlossen zu haben. Casanova und Balbi eilten an ihm vorbei die Stufen zum Kanal hinunter, sprangen in eine Gondel und waren frei.

Sie ließen sich nach Mestre fahren und nahmen von dort eine Kutsche nach Treviso. Um seine Verfolger abzuschütteln, entschied sich Casanova für den längsten Weg zur Grenze und trennte sich von Balbi. Er besaß soviel Vertrauen zu seiner Findigkeit, daß er dem Mönch das wenige Geld, das er hatte, überließ. Es kennzeichnet die kühne Taktik, mit der er seine Flucht ins Werk setzte, daß er während der Nacht Zuflucht im Hause eines Polizisten suchte, der gerade zur Verfolgung Casanovas aufgebrochen war.

Soweit die nackten Tatsachen einer der erstaunlichsten Gefängnisausbrüche der Geschichte. Dreißig Jahre später berichtete Casanova darüber in seiner *Histoire de ma fuite* (Prag 1787), die seitdem in einige Dutzend Sprachen übersetzt wurde und mehr als fünfzig Auflagen erlebte. Zu der Zeit, da man allgemein die Authentizität der *Memoiren* anzweifelte, entging auch die Geschichte der Flucht nicht dem Vorwurf der Unglaubwürdigkeit. Die Kritiker begannen jedoch ihre Meinung zu ändern, als man in den venezianischen Archiven Aufzeichnungen fand, die Casanovas Erzählung ebenso bestätigten wie die später entdeckten Tagebuchblätter Gradenigos vom 4. Dezember 1759 und 13. August 1766. Gradenigo findet das richtige Wort, wenn er die Flucht als «wunderbar» bezeichnet.

Lotterie und schwarze Magie

Am 1. November 1756 war Casanova aus den Bleikammern ausgebrochen. In Bozen legte er eine kurze Rast ein, um sich von Bragadino Geld schicken zu lassen, und reiste, sobald er es erhalten hatte, nach München weiter. Von dort fuhr er in kurzen Etappen über Augsburg und Straßburg nach Paris, wo er am 5. Januar 1757 eintraf. Es war der Tag, an dem Damiens sein mißglücktes Attentat auf Ludwig XV. verübte. Einige Monate später wohnte Casanova als Augenzeuge der Hinrichtung Damiens' auf dem Place de Grève bei — dem jetzigen Place de l'Hôtel de Ville. Er hatte gewissen Damen seiner Bekanntschaft zuliebe ein Fenster gemietet, das einen ungehinderten Blick auf das Schauspiel gewährte. Beim Todeskampf des Opfers, das mit glühenden Zangen zerrissen und gevierteilt wurde, mußte Casanova die Augen abwenden und sich die Ohren vor den herzzerreißenden Schreien zuhalten; die anwesenden Frauen dagegen blieben völlig ungerührt.

Mouffle d'Angerville bestätigt Casanovas Beobachtung. In seinem «Vie privée de Louis XV.» beschreibt er dieselbe Szene und bemerkt: «Am eindrucksvollsten war, mit welcher Begierde empfindsame und mitleidige Frauen dem Schauspiel folgten, sich an ihm weideten, es mit allen seinen Schrecken in sich aufnahmen, trockenen Auges und ohne die mindeste Rührung, während fast alle Männer erschauderten und die Augen abwandten.»

Après l'opera du Dimanche gras, Armelline excitée par l'exemple de Scolastica se rend à ma tendresse; et je jouis de nouveau de leur compagnie le dernier jour du carnaval pour la derniere fois; après avoir été sur le cours, à cheval habillé en Pierrot croyant de n'être connu de personne. Mais voici ce qui m'est arrivé. Je m'arrête devant un char de triomphe, et je reste surpris voyant un masque deguisé en guerrier dans le costume des anciens romains mettre sa main gauche sur les renes de mon cheval, et donner de sa droite une plume, et un papier à un masque femelle habillé en reine qui étoit près de lui. La reine écrit, remet le papier au guerrier, qui me le donne, et relache en meme tems la longe de mon cheval. Dans le même instant un prelude de musique se fait entendre, et tous les masques du char lancent contre moi des poignées de dragées. Après cela on suit la marche en cadence. Je lis le billet ne m'attendant qu'à un pamphlet ordinaire; mais je reste surpris lisant ceci

Pierrot audacieux, tremble: voici ton sort.
Je t'ai sauvé de Muran à Venise;
Mais cette nuit je te condamne à mort.
Tu rendras l'ame en changeant de chemise.

J'ai d'abord deviné que le guerrier ne pouvoit être que le cardinal de Bernis, et la reine ne pouvoit être que sa belle princesse. Il n'y avoit que lui qui put me rappeller ce qui m'étoit arrivé il y avoit alors dixsept ans. L'impromptu ne pouvoit être que de lui. Je sors du cours, je vais à la porte d'un caffé, et j'ecris ces quatre vers; puis je retourne au cours, et je les donne à la reine.

Je signe à ta sentence adorable déesse;
Mais de ma mort laisse moi donc le choix.
Mon crime en bon chretien au guerrier je confesse:
J'expirerai content; mais sur la Sainte Croix.

Casanovas erster Besuch nach seiner Ankunft in Paris galt de Bernis, der inzwischen durch die Gunst Mme. de Pompadours ein mächtiger Minister geworden war und seiner Ernennung zum Außenminister entgegensah. Eine der liebenswürdigsten Eigenschaften de Bernis' war seine Treue Freunden gegenüber. Er hieß Casanova herzlich willkommen und versah ihn mit einer Empfehlung an den einflußreichen de Boulogne, der ihm seine Ernennung zum Generalkontrolleur verdankte. Mit der Unbekümmertheit, die so charakteristisch für jenes Zeitalter ist, führte er Casanova als versierten Kenner des Finanzwesens ein. Als solcher wurde er dann bei seinem Besuch de Boulognes einem der bedeutendsten Köpfe der französischen Hochfinanz, Pâris-Duverney, vorgestellt, der 1751 in starkem Maße an der Einrichtung der École Militaire beteiligt war und jetzt für diese Institution ein Kapital suchte, das den französischen Staatsschatz nicht unmäßig belastete. Es ist bemerkenswert, mit welchem Geschick sich Casanova — ein blutiger Laie in finanziellen Dingen — im anschließenden Gespräch zwischen den beiden Männern gegen einen solchen Fuchs wie Duverney behauptete:

‹*Nur Gott allein, Monsieur, hat schöpferische Kraft*›, bemerkte Casanova sentenziös. ‹*Ich bin kein Gott*›, erwiderte Duverney, ‹*dennoch habe ich dann und wann etwas geschaffen — aber die Zeiten haben sich geändert.*› Casanova parierte: ‹*Alles ist schwieriger geworden als früher; aber trotz aller Schwierigkeiten habe ich einen Plan, der dem König hundert Millionen einbringen könnte.*› — ‹*Welche Kosten würden der Krone daraus erwachsen*›, fragte Duverney. ‹*Nur die Kosten des Einziehens*›, war Casanovas vorsichtige Antwort. ‹*So würde also die Nation diese Einnahmen liefern?*› — ‹*Zweifellos; aber freiwillig.*› Casanova vermied es, sich auf irgend etwas festzulegen, und beschränkte sich auf allgemeine Feststellungen. ‹*Ich weiß, woran Sie denken*›, antwortete Duverney, um seinen Gesprächspartner zu zwingen, das Visier zu öffnen. Aber Casanova ging nicht in die Falle. ‹*Das erstaunt mich, Monsieur*›, erwiderte er, ‹*da ich noch mit niemanden über meinen Plan gesprochen habe.*› Er hatte deswegen noch nicht darüber gesprochen, weil er überhaupt noch keinen Plan hatte.

Duverney war so beeindruckt, daß er ihn zum Mittagessen einlud. Am nächsten Tag traf Casanova ihn in großer Gesellschaft, unter der sich auch ein Italiener, Giovanni Calsabigi, befand, der den Plan für eine öffentliche Lotterie ausgearbeitet hatte. Als Duverney eine Anspielung darauf machte und meinte, dies sei zweifellos der Plan,

Zu Seite 50: Die erste Seite des «Extrait du Chapitre 4 et 5» der «Memoiren», die 1882 von Professor Ive in Dux aufgefunden wurden.

den er selbst – Casanova – im Sinn gehabt habe, stimmte dieser zu. Mit seiner üblichen Geistesgegenwart und flinken Zunge hatte er sich erfolgreich aus der Schlinge gezogen.

Calsabigi, der bestimmt seinen Landsmann für ebenso gerissen hielt, wie er selbst es war, sah ein, daß es besser wäre, sich mit ihm zu verbünden. Diese Einsicht mochte ihm umso leichter fallen, als er wußte, daß Casanova einflußreiche Freunde hatte, die ihnen von Nutzen sein konnten. Das Projekt wurde durch zwei Dekrete vom 15. August und vom 15. Oktober 1757 angenommen, Calsabigi zum Direktor und Casanova zum Einnehmer oder ebenfalls zum Direktor ernannt. (In den Archiven, die Samaran ausgegraben hat, werden beide Titel gebraucht.) Er erhielt sechs Lotteriebüros zugewiesen, von denen er sofort fünf für je 2000 Francs verkaufte. Eines, das sich als lukrative Einnahmequelle erweisen sollte, behielt er in eigener Regie, bis er es bei seiner Abreise zwei Jahre später seinem Geschäftsführer übereignete.

Die beschriebenen Umstände werfen ein bezeichnendes Licht auf das Verhältnis zwischen Casanova und de Bernis. Daß Casanova Zugang zu so bedeutenden finanziellen Kreisen gewinnen und einer der Hauptnutznießer der Staatslotterie werden konnte, läßt sich nur dadurch erklären, daß er mächtige Protektion genoß. De Bernis war ein intimer Freund von Pâris-Duverney und konnte Casanova tatsächlich leicht bei ihm einführen. So erscheint das, was Casanova in den *Memoiren* und in anderen Schriften über seine Freundschaft zum Außenminister sagt, durchaus überzeugend, obgleich es durch keine Veröffentlichung von de Bernis bestätigt wird.

Die Unterstützung, die Casanova vom Außenminister erhielt, beschränkte sich nicht allein auf die Lotterie. Einige Monate nach seiner Ankunft in Paris wurde ihm von de Bernis der Vorschlag unterbreitet, in geheimer Mission nach Dünkirchen zu reisen, um den Stand der französischen Flotte festzustellen, die dort im Verein mit schwedischen Schiffen zu einer Landung in England bereit lag. De Bernis informierte Casanova, daß er ihm wegen des streng geheimen Charakters des Auftrags keinen Paß geben könne und ihn im Falle einer Entdeckung augenblicklich verleugnen müsse. Es gelang Casanova – dank seiner Redegewandtheit, dank seiner Kunst der halben und ganzen Andeutungen – sich mit den Schiffsoffizieren zu befreunden und befriedigende Auskünfte zu erhalten, für die er mit fünfhundert Louisdors belohnt wurde. Als er später über die Mission nachdachte, schrieb er: *Der Auftrag kostete dem Ministerium zwölftausend Francs, und der Minister hätte leicht alle Informationen, die er von mir erhielt, ohne einen Pfennig erhalten können. Jeder intelligente junge Marineoffizier hätte es genau so gut machen können; er hätte sich seiner Aufgabe mit Eifer und Umsicht gewidmet, um bei seinem Auftraggeber in einem guten Licht zu stehen. Aber so waren alle französischen Minister; sie verschwendeten das Geld, das anderen gehörte, um ihre Günstlinge zu bereichern; das gemeine Volk galt ihnen keinen Pfifferling. Alles das führte unvermeidlich zur Überschuldung des Staates und zur Zerrüttung der Finanzen. Eine Revolution war unvermeidlich. Aber das ist auch die Sprache derer, die heute als Abgeordnete des Volkes in Frankreich regieren und vorgeben, die Interessen der breiten Massen zu vertreten und Republikaner zu sein. Armes Volk! Armes Volk, das an Hunger und Elend zugrunde geht oder in ganz Europa niedergemetzelt wird, um diejenigen zu bereichern, die es betrogen haben.* Dies ist eine der wenigen Stellen, an denen er wenigstens etwas zur Verteidigung der französischen Revolution zu sagen weiß; seinen politischen Standpunkt vertritt er sonst entschieden gegen die *sans culottes* und für das *ancien régime.*

Zu dieser Zeit, zwischen 1757 und 1759, verkehrte er auch in den exklusivsten Gesellschaftskreisen von Paris. Bei seinem ersten Besuch der Metropole hatte er sich durch seine kabbalistischen Praktiken einen gewissen Ruf erworben, und jetzt suchten einige Damen von hohem Rang, die sich mit Okkultismus beschäftigten, seine Bekanntschaft zu machen. Zwei von ihnen, die ihm gleichaltrige Comtesse du Rumain und die zwanzig Jahre ältere Marquise d'Urfé, werden noch eine wichtige Rolle in seinem Leben spielen. Obgleich er selbst sich über seine amourösen Beziehungen zur Comtesse du Rumain ausschweigt, ist aus ihrer Korrespondenz zu erraten, daß er ihr Liebhaber war. Das Verhältnis dauerte zehn Jahre, in denen sie ihn von Zeit zu Zeit finanziell unterstützte. Bedeutendere Quellen erschlossen sich ihm jedoch von 1757 bis 1763 bei Mme. d'Urfé. Seine Beziehungen zu ihr, die schließlich abrupt unterbrochen wurden, sind psychologisch hochinteressant. Die *Memoiren* deuten an, daß er ebenfalls ihr Liebhaber war. Beinahe sieben Jahre lang zehrte er von ihrem unerschöpflichen Reichtum und konnte dadurch erst das ausschweifende Leben führen, das für diese Epoche bezeichnend ist. Wieviel Geld er wirklich von ihr bekam, ist nicht genau bekannt; aber Casanova gibt an, daß ihr Neffe ihn im Jahre 1767 beschuldigte, sie um eine Million Francs betrogen zu haben.

Bei ihrer ersten Begegnung sprach die Marquise mit ihm über Alchimie, Magie und Okkultismus und behauptete, den Stein der Weisen zu besitzen. Sie zeigte ihm ihre berühmte Bibliothek, die im 16. Jahrhundert von Claude d'Urfé begründet und von ihr selbst beträchtlich erweitert worden war. Casanova fand eine Handschrift des berühmten Raimundus Lullus und zahlreiche Manuskripte, von denen einige schließlich in den Besitz der Pariser und Wiener Nationalbibliotheken übergingen. Ihr chemisches Laboratorium setzte ihn in Erstaunen; es enthielt unter anderem ein Puder zur Umwandlung niederer Metalle in Gold. Erstaunlich viele Adepten versuchten im 18. Jahrhundert dieses alchimistische Problem zu lösen. In seinen «Memoiren» (London 1799) teilt N. W. Wraxall mit, daß nach seinen Informationen nicht weniger als 3000 Personen 1779 in Wien damit beschäftigt waren, den Stein der Weisen zu suchen, und fügt hinzu, daß diese Leute «auf Rechnung der Kaiserin Maria Theresia mit Holzkohle, Geräten, Schmelztiegeln und allem Notwendigen» ausgestattet wurden.

Zweifellos war Mme. d'Urfé mit dem Okkultismus ebenso vertraut wie Casanova, doch gab es zwischen beiden einen wesentlichen Unterschied: Während Casanova sich das Drum und Dran der Magie und des Okkultismus zunutze machte, um andere zu täuschen, ohne selbst davon getäuscht zu werden, glaubte Mme. d'Urfé aus tiefster Überzeugung an die Unfehlbarkeit dieser Wissenschaften.

Sie war besonders beeindruckt, als Casanova nicht nur ein chiffriertes Manuskript lesen konnte, sondern auch noch den Schlüssel dazu herausfand, der aus einer willkürlichen Reihe von Buchstaben bestand. Da sie mit den Techniken der Kryptographie nicht in dem Maße vertraut war wie Casanova, ließ sie sich durch die einfache Anwendung wissenschaftlicher Methoden verblüffen und glaubte fortan umso unerschütterlicher, daß er im Besitze magischer Kräfte sei.

Daß Casanova die Entzifferung von Geheimschriften gründlich beherrschte, geht übrigens auch aus einer chiffrierten Unterschrift hervor, die sich in einem seiner gedruckten Pamphlete von 1785 – *Lettre à Messieurs Jean et Etienne L.* – befindet. Leichtgläubig, wie sie war, gewann Mme. d'Urfé die Überzeugung, daß Casanova sowohl den Stein der Weisen als auch die Macht besäße, mit Elementargeistern in Verbindung zu treten. Nach dieser Macht strebte sie selber. Aber da sie von der Vorstellung besessen war, daß nur Männer sie erlangen könnten, verfiel sie auf eine phantastische Idee: Casanova sollte ihre Seele in den Leib eines Knaben übertragen, der von einem gewöhnlichen Manne gezeugt und von einer Frau göttlichen Ursprungs geboren war. 1762 und 1763 finden wir Casanova damit beschäftigt, diese Operation auszuführen. Zur Verteidigung seines Verhaltens gegenüber Mme. d'Urfé führt er fast dieselben Gründe an wie die, mit denen er seine Handlungsweise gegenüber Bragadino zu beschönigen versucht hatte: *Wenn ich wie ein Ehrenmann gehandelt und ihr gesagt hätte, daß ihre Theorien unsinnig seien, hätte sie mir nicht geglaubt. Ich ließ die Dinge daher ihren Lauf nehmen. Außerdem konnte meine Eigenliebe nur geschmeichelt sein, als ich mich wie der tiefgründigste Rosenkreuzer, wie der mächtigste aller Sterblichen von einer Dame behandelt sah, die den ersten Familien Frankreichs angehörte und überdies ein Einkommen von 80 000 Francs, ein glänzendes Vermögen und mehrere großartige Häuser in Paris besaß. Ich war völlig sicher, daß sie mir nichts abschlagen würde, und obwohl ich noch keinen festen Plan hatte, wie ich von ihrem Reichtum profitieren könnte, war ich nicht stark genug, auf die mir gegebene Macht zu verzichten.* — Sicherlich trügerische Gründe, aber wir müssen Casanova nach den Maßstäben der Moral des 18. Jahrhunderts beurteilen und nicht nach denen unserer eigenen Zeit. Auf keinen Fall fehlt es ihm an Offenheit, und man wird ihm nicht vorwerfen können, daß er ein Heuchler war. *Ich tue nicht so,* sagte er einmal, *als ob ich zu den rechtschaffenen Männern gehörte.*

Die finanzielle Lage Frankreichs war damals durch die Verschwendungssucht Ludwigs XV. und den kostspieligen Siebenjährigen Krieg äußerst prekär. Ein Bankier empfahl Casanova, an de Boulogne heranzutreten und ihm den Vorschlag zu machen, in Amsterdam — dem damaligen finanziellen Zentrum Europas — französische Schuldverschreibungen gegen Wertpapiere aus Ländern mit besserem Kredit einzuhandeln und diese wieder gegen Bargeld zu verkaufen. Eine solche Transaktion wäre vorteilhafter als der Direktverkauf der französischen Staatspapiere. Casanova besprach den Plan mit de Bernis, der ihm riet, die Sache dem Generalkontrolleur zu unterbreiten. De Boulogne fand den Gedanken ausgezeichnet und wollte Papiere über zwanzig Millionen an den französischen

Étienne François, Duc de Choiseul

Botschafter im Haag, Comte d'Affry, schicken, mit dem Casanova sich dann in Verbindung setzen sollte.

Casanova hat in seiner Erzählung die beiden Besuche, die er Holland in den Jahren 1758 und 1759 abstattete, verwechselt. Er gibt an, bei seinem ersten Besuch einen Empfehlungsbrief von Choiseul an d'Affry gehabt zu haben, obgleich ein solcher ihm erst bei seinem zweiten Besuch ausgestellt wurde. Choiseul war 1758 noch gar nicht Außenminister, da de Bernis diese Stellung bis zum 9. Oktober innehatte. Es gehörte zu den damaligen Gepflogenheiten, offiziell nicht akkreditierte Diplomaten für die verschiedensten Aufgaben im Ausland zu verwenden; so ist es nicht unwahrscheinlich, daß Casanova mit diesem Auftrag betraut wurde. Wie bei seiner Dünkirchener Mission hätte man ihm ein Erfolgshonorar zahlen oder ihn bei Mißlingen desavouieren können.

In einem Brief an den Duc de Choiseul vom 15. Oktober 1759 bezieht sich Comte d'Affry auf Casanovas Besuch im Jahre 1758 und schreibt: «Ich fragte ihn nach dem Zweck seiner Reise und er teilte mir mit, daß er hier Geschäfte habe und französische Staatspapiere veräußern wolle, die bei einem Verkauf [in Frankreich] zuviel an Wert verlören. Ich sprach daraufhin meine Hoffnung aus, daß er nicht nach Holland gekommen sei, um sie in Mißkredit zu bringen.»

Nachdem er Paris am 14. Oktober 1758 verlassen hatte, traf Casanova einige Tage später in Holland ein, wo er bis Anfang Januar 1759 blieb, um die zwanzig Millionen an der Börse unterzubringen. Der erste Interessent bot ihm zehn Millionen flüssiges Kapital und sieben Millionen in Papieren. Da er angewiesen war, keine Verpflichtungen über acht Prozent Verlust einzugehen, übermittelte er das Angebot Herrn de Courteil vom Finanzministerium, der ihn nach Paris zurückbeorderte, falls er keine günstigeren Bedingungen erhalten könne. Ein anderer Interessent offerierte ihm nur neun Prozent Verlust, wollte ihm jedoch keine Provision zahlen. Casanova empfahl dringend, dieses Angebot anzunehmen und sprach die Hoffnung aus, daß man ihm wenigstens die Spesen ersetzen und ein Abstandsgeld zahlen würde. Der Handel wurde geschlossen; Casanova jedoch erhielt nicht einen Franc, da sein Gewinn, wie man behauptete, bereits hoch genug sei. In der Tat befand sich ein Wechselbrief über 100 000 Gulden in seinem Besitz, aber dieses Geld war ihm, wie er erzählt, aus anderen Quellen zugeflossen. Mme. d'Urfé hatte ihn gebeten, Aktien der Gotenburger Indien Gesellschaft zu verkaufen, die sie wegen des Mangels an flüssigem Kapital nicht in Paris unterbringen konnte. Wenn Casanovas halb offizielle Finanzmission nur durch den Brief d'Affrys bestätigt wird, dann gibt es dagegen mehrere Briefe von Amsterdamer Bankiers, die den Verkauf von Aktien aus dem Besitz der «Madame la Marquise» in seinem Auftrag anzeigen. Als Casanova 12 000 Francs mehr für die Papiere erhielt, als sie dafür bezahlt hatte, schenkte Mme. d'Urfé ihm den Überschuß. Da diese Transaktion genügend bezeugt wird, ist auch anzunehmen, daß er die französischen Staatspapiere erfolgreich verkaufen konnte.

In Amsterdam schloß er Freundschaft mit Thomas Hope – dem Monsieur d'O. der *Memoiren* –, der eine der bedeutendsten Handelsgesellschaften in Holland besaß. Hope war Freimaurer, und da Casanova 1750 in Lyon einer Loge beigetreten war, hatten beide Männer von Anfang an eine Gemeinsamkeit, die ihrer Bekanntschaft nur förderlich sein konnte. Nach der Erzählung Casanovas hatte Hope eine Tochter, Esther, in die er sich verliebte. Urkunden beweisen jedoch, daß Hopes Ehe kinderlos geblieben war. So steht zu vermuten, daß Esther seine Nichte war, die er nach dem Tode seiner Frau zu sich genommen hatte, um ihm den Haushalt zu versehen. Casanova gibt an, Esther sei Ende 1758 vierzehn Jahre alt gewesen; es ist daher durchaus möglich, daß es sich bei ihr um eine gewisse

1741 geborene Lucia handelt. Wenn er sie als Hopes Tochter vorstellte, ließ er sich offensichtlich von jenem Feingefühl leiten, das er immer beweist, wenn es darum geht, die Identität der Frauen von Stand zu schützen, mit denen er zärtliche Beziehungen unterhielt.

Esther zu Gefallen stellte er die kabbalistische Zahlenpyramide zusammen. Als Hope davon erfuhr, bat er seinen Gast, das Orakel nach dem Verbleib eines überfälligen holländischen Schiffes zu befragen, dessen Eigentümer es zu zehn Prozent seines Wertes verkaufen wollte. Ohne Hopes Absichten zu kennen, erhielt Casanova die Antwort, daß das Schiff nicht, wie gemeldet, verschollen sei, sondern in Kürze Nachrichten von ihm eintreffen würden. Zu seiner Bestürzung teilte Hope ihm daraufhin mit, daß er das Schiff kaufen wolle; selbst der Einwand Casanovas, daß das Orakel nicht unfehlbar sei, konnte ihn nicht von seinem Vorhaben abbringen. Glücklicherweise erfüllte sich die kabbalistische Prophezeiung, und das Schiff tauchte wieder auf. Casanova machte dabei ein gutes Geschäft,

Esther

da Hope darauf bestand, ihm zehn Prozent seines Gewinns zu schenken. Er erhielt einen Scheck über 100 000 Gulden und einen Sichtwechsel über die restlichen 200 000 Gulden.

Es steht außer Zweifel, daß Casanova bei seinem ersten Auftrag in Holland ebenso seine eigenen Interessen zu wahren wußte wie die der französischen Regierung. Bei seiner Rückkehr nach Paris machte ihm der Generalpächter, de la Popelinière, überschwengliche Komplimente über das, was er für Frankreich geleistet hatte, und empfahl ihm, die französische Staatsbürgerschaft anzunehmen. Der Duc de Choiseul versprach ihm einen angemessenen Adelstitel, falls es ihm gelänge, in Holland eine Anleihe von hundert Millionen Gulden aufzutreiben. Als Casanova Herrn de Boulogne einen Besuch abstattete und ihn von einem Projekt in Kenntnis setzte, das die königlichen Einnahmen garantiert um zwanzig Millionen vermehren würde, erwiderte der Generalkontrolleur der französischen Finanzen: «Verwirklichen Sie diesen Plan, und ich werde den König veranlassen, Ihnen eine Rente von Hunderttausend und einen Adelsbrief auszuschreiben, wenn Sie Franzose werden wollen.»

Diese Bemerkungen erhalten durch den Originaltext der *Memoiren*, der zur Zeit veröffentlicht wird, eine besondere Bedeutung. Casanovas Bericht über die Audienz, die ihm die englische Königin 1763 im St. James Palast gewährte, enthielt in der ersten Fassung eine später von ihm gestrichene Anspielung auf seine französische Naturalisation. Da wir keine weiteren Zeugnisse besitzen, sind wir auf Vermutungen angewiesen. Es ist sehr gut möglich, daß die Anspielung aus dem Jahre 1763 sich auf die Entscheidung bezieht, die ihm 1759 nahegelegt wurde; es gibt jedoch keinen Hinweis darauf, daß er jemals Schritte unternommen hätte, die ihm angebotene Naturalisation tatsächlich zu vollziehen.

Mlle. X. C. V. und heimliche Machenschaften

Casanova verließ Holland am 3. Januar 1759 und war wenige Tage später in Paris, wie aus einem Brief hervorgeht, den Justinienne Wynne – Mlle. X. C. V. – am 8. Januar 1759 an ihren venezianischen Liebhaber Andrea Memmo, einen Freund Casanovas, schrieb. Justinienne, die Tochter eines englischen Baronets, Sir Richard Wynne, und einer venezianischen Mutter, genoß damals als Schriftstellerin eine gewissen Ruhm. Auch Goethe gehörte zu ihren Bewunderern.

Sie war Ende 1758 mit ihrer Familie nach England abgereist, um Ansprüche auf ihr väterliches Vermögen geltend zu machen. Die

Reise mußte jedoch in Paris unterbrochen werden, da Justinienne mit einem Kind (vermutlich von Memmo) niederkam. Casanova hatte sie bereits 1754 als achtzehnjähriges Mädchen in Padua kennengelernt und damals mit ihr geflirtet. Später machte sie eine glänzende Partie und heiratete den österreichischen Botschafter in Venedig, Graf Philipp Joseph Orsini Rosenberg. 1923 fand Brunelli in Padua zwei der ursprünglich drei Manuskriptbände umfassenden Korrespondenz, die sie mit Memmo geführt hatte, und veröffentlichte sie unter dem Titel «Un' Amica del Casanova». Durch die Hilfe von Signorina C. della Fusine entdeckte ich 1955 in Venedig den fehlenden Band mit vierundfünfzig Briefen, von denen einige äußerst wichtige Einzelheiten über Casanova enthalten. So lesen wir in Justiniennes Brief an Memmo vom 8. Januar 1759: «Ich habe in der Comédie Italienne die liebenswerte und bildschöne Schauspielerin gesehen, die als Catinon bekannt ist. Sie kleidet sich stutzerhaft als Mann, und ich kann Dir versichern, sie ist ein Unikum. Am selben Abend saß Casanova, den Du ja kennst, in einer Loge neben mir, in prächtiger Gala. Er kam zu uns, um uns zu begrüßen, und ist jetzt jeden Tag bei uns, obwohl mir seine Gesellschaft nicht gefällt. Aber er scheint nicht auf den Gedanken zu kommen, daß er uns lästig fallen könnte. Er hat einen Wagen und Lakaien und ist glänzend gekleidet. Er hat zwei herrliche Diamantringe, zwei verschiedene Tabatièren, äußerst geschmackvoll mit Gold ausgelegt, und ist mit Spitzen übersät. Er hat – ich weiß nicht wie – bei der besten Pariser Gesellschaft Einlaß gefunden. Wie er sagt, ist er an der Pariser Lotterie beteiligt, und prahlt mit dem großen Einkommen, das ihm dadurch zufließt, obwohl ich gehört habe, daß er von einer sehr reichen, alten Dame [Mme. d'Urfé] unterstützt wird. Er platzt vor Selbstgefühl und ist lächerlich eitel. Mit einem Wort: er ist unerträglich – wenn er nicht gerade von seiner Flucht aus den Bleikammern erzählt, was er wunderbar kann. Ich spreche dauernd mit ihm über Dich ...» Justinienne verrät sich in ihrem letzten Satz. Hier streut sie dem Mann, den sie betrügt, Sand in die Augen. Wenn wir ihren Bericht mit den *Memoiren* vergleichen, finden wir im Übrigen jede Einzelheit, die sie anführt, von Casanova bestätigt.

Aber nicht nur das! Im selben Brief schreibt sie, daß sie auf Einladung des sardinischen Botschafters am 13. Januar mit einem Farsetti – den auch Casanova erwähnt – einen Opernball besuchen wolle, auf dem sie in einem sehr prächtigen schwarzen Domino zu erscheinen gedenke. Ein späterer Brief teilt mit, daß sie um zwei Uhr morgens ankamen und erst gegen sechs Uhr wieder fortfuhren. «Der Saal, obgleich nicht groß, war schön erleuchtet», aber «es waren so viele Huren da, daß wir nicht die Maske abnehmen oder tanzen

Justinienne Wynne, Gräfin von Orsini und Rosenberg

konnten.» Daher mußte sie «eine ganze Zeit in der Loge bleiben um zuzuschauen» und «war sehr gelangweilt».

Vergleichen wir ihre Erzählung mit der Casanovas. Er war von Camille, einer Schauspielerin, mit einer Anzahl von Mädchen und ihren Liebhabern zum Diner eingeladen gewesen. Sie gingen zusammen zum Opernball, wo Casanova sich in der Menge verlor. *Ich trug keine Maske und fand mich bald von einem schwarzen Domino belagert, den ich als Frau erkannte. Da sie mir mit verstellter Stimme hundert Wahrheiten über mich sagte, begann ich mich für die Intrige zu interessieren und faßte den Entschluß herauszufinden, wer sie war. Zuletzt überredete ich sie glücklich, mit mir in eine Loge zu kommen, und sobald wir sie betreten hatten, lüftete ich ihre Maske und war überrascht, Mlle. X. C. V. zu finden.*

Sie hatte Memmo geschrieben, daß sie einen schwarzen Domino

tragen würde; dreißig Jahre später beschreibt Casanova ihr Kostüm vollkommen gleich. Und trotzdem behauptet man noch immer, daß Casanova ein durchtriebener Lügner sei! In ihrem Brief an Memmo erwähnt sie zwar Casanova überhaupt nicht, aber das ist verständlich, wenn sie ihm gegenüber die Gefühle hegte, die wir durch den Ausgang des Abenteuers bei ihr vermuten dürfen. Sie trug keine Bedenken, in ihrem Brief über Farsetti und den berühmten de la Popelinière zu sprechen, die ihr beide den Hof machten, ohne daß sie, wie sie betont, an ihnen interessiert war. Mit weiblichem Scharfsinn spürte sie, daß sie gegen ihren Willen ihre Gefühle verraten könnte, wenn sie weiterhin Anspielungen auf Casanova machte, dessen verführerische Art, mit Frauen umzugehen, Memmo gut genug kannte. Fast mit den gleichen Worten wie Justinienne erzählt uns Casanova dann von einem Gespräch, das er bei einem zärtlichen Tête-à-tête mit ihr über die Werbungen Popelinières führte. Der unschätzbare Wert von Justiniennes Briefen liegt darin, daß eine von Casanovas Heroinen selbst zwei Ereignisse aus den *Memoiren* interpretiert.

Einige Zeit später gestand sie ihm, daß sie schwanger sei. Es gelang ihm, sie bei einem anderen Opernball zu einer Hebamme zu bringen, deren Namen er nicht nennt – sie wurde später als Reine Demay identifiziert – und die sich bereit erklärte, für fünfzig Louis eine Abtreibung vorzunehmen. Casanova überredete Justinienne jedoch dazu, dieses *verbrecherische* Vorhaben aufzugeben, und versprach ihr, selbst die Behandlung mittels eines *Arophs* zu übernehmen – eines Instruments, das, wenn es Wirkungen zeitigen sollte, innerlich unter so delikaten Umständen angewendet werden mußte, daß diese besser der Vorstellungskraft des Lesers überlassen bleiben. Als das Mittel trotz mehrerer Versuche ohne Wirkung blieb, ließ er Justinienne durch seine treue Freundin Comtesse du Rumain an eine Äbtissin aus vornehmer Familie empfehlen; sie wurde in ein Kloster aufgenommen, wo sie bis zu ihrer Entbindung blieb.

Die Familie Justiniennes verdächtigte Casanova, sie entführt zu haben, und als er auf der Straße von der Hebamme erkannt und von einem gewissen Castelbajac, der sie begleitete, identifiziert worden war, wurde gegen ihn Anklage erhoben. Er konnte sich einer Arretierung nur dadurch entziehen, daß Mme. du Rumain dem Polizeikommissar de Sartines unter vier Augen die Wahrheit entdeckte. Verständlicherweise steht über diese Einzelheiten nichts in Justiniennes Briefen, aber wir können ihnen entnehmen, daß sie nach jenem Opernball am 13. Januar noch weitere Bälle am 21. und 28. Januar

Zu Seite 62/63: Der Ball. Gemälde von Pietro Longhi

und einen im Februar besuchte. Jedesmal blieb sie bis sechs Uhr morgens. Aus Dokumenten, die vor einigen Jahren von Samaran aufgefunden wurden, geht hervor, daß es wahrscheinlich der Ball im Februar war, an dem Casanova sie zu jener Hebamme brachte. Weiter enthüllen Justiniennes Briefe den Namen des Klosters, in dem sie Zuflucht fand – Conflans-Saint-Maur – und den der Äbtissin – Mutter Eustache. Dank dieser Zeugnisse gibt es für uns keinen Grund mehr, an Casanovas Erzählung zu zweifeln.

Beinahe ein Vierteljahrhundert später kam es zwischen ihnen zu einem höflichen Briefwechsel, als Justinienne eine große Dame war und Casanova 1782 eine bescheidene Existenz in Venedig suchte. Er lobte in seinem Brief eines ihrer Bücher und schickte ihr eines seiner eigenen. Zottoli sieht den formellen Stil der Briefe als Beweis dafür an, daß ihre Beziehungen niemals den intimen Charakter gehabt hätten, der ihnen in den *Memoiren* zugeschrieben wird. Aber eine solche Schlußfolgerung berücksichtigt weder die natürliche Abkühlung zwischenmenschlicher Beziehungen im Laufe einer langen Zeit, noch trägt sie jenem geschraubten Stil Rechnung, der im 18. Jahrhundert sogar zwischen Eheleuten üblich war.

Obwohl er über ein bedeutendes Einkommen aus der Lotterie verfügte, reichlich mit holländischen Geldmitteln versehen war und außerdem noch von Mme. d'Urfé unterstützt wurde, strebte Casanova nach noch größerem Wohlstand, um weiterhin das verschwenderische Leben führen zu können, an das er sich gewöhnt hatte. Seine fruchtbare Phantasie verfiel auf den Plan, Seidenstoffe mit chinesischen Motiven, die damals sehr beliebt waren, bemalen zu lassen – wobei der Herstellungspreis um ein Drittel unter dem Preis der importierten Stoffe lag. Mit Einverständnis des Prinzen de Conti, der die Rechtsprechung im Temple-Bezirk von Paris ausübte, gründete Casanova dort ein Unternehmen, von dem er sich jährlich 200 000 Francs Gewinn versprach. Er stellte zwanzig hübsche junge Mädchen als Arbeiterinnen ein, die alle nacheinander seine Geliebten wurden. Obwohl keine länger als eine Woche in seiner Gunst stand, stattete er jede mit Wohnungen und Möbeln aus und schenkte ihnen freizügig Schmuck und Geld. Ludwig XV. konnte sich zwar einen solchen Parc-au-Cerf leisten, aber bei einem Privatmann mußten derartige Verschwendungen um so eher ihre Folgen zeitigen, als die Seidenmalerei keineswegs seinen Erwartungen entsprach. Es kam zu einer Krise, als ein Angestellter das in ihn gesetzte Vertrauen betrog und – drei Tage nachdem Casanova an einen Jean Garnier Aktien im Werte von 50 000 Francs verkauft hatte – mit dem gesamten Barkapital durchbrannte. Garnier sah den Bankrott des Unternehmens voraus und verlangte Rückzahlung seines Geldes. Als Casanova sich weigerte, wurde ein Prozeß wegen Vertragsbruches gegen ihn angestrengt. Er versichert uns, daß die Sache hätte beigelegt werden können, wenn nicht zur selben Zeit zwei andere Gläubiger Zahlungsbefehle gegen ihn vorgelegt hätten. Wie immer in solchen Fällen traten die Gläubiger beim ersten Anzeichen des geschäftlichen Zusammenbruchs gleich in Scharen auf.

Casanova gibt uns keine Einzelheiten über diese beiden zusätzlichen Vollstreckungsbefehle, aber Samaran hat einige Hinweise darauf in den Gerichtsakten gefunden. Einer davon betrifft einen Wechsel über 2400 Livres, der am 11. April 1759 von seinem Bruder Francesco zugunsten von Carlo Genovini auf Casanova gezogen und von einem Charles Henry Oberti indossiert war. Im Mai wurden Giacomo und Francesco von Oberti auf Zahlung verklagt. Nachdem am 3. August 1759 der gewährte Zahlungsaufschub abgelaufen war, verklagte Casanova seinerseits Oberti auf Zahlung eines Wechsels vom 23. März 1759 über 3000 Livres, der zugunsten Casanovas von einem Châtellereau gezogen und, wie es scheint, von Oberti akzeptiert war. Oberti erhob Einspruch mit der Behauptung, daß seine Unterschrift gefälscht sei, obgleich er anscheinend vorher in einem Brief die Gültigkeit seiner Unterschrift anerkannt hatte.

Der andere Zahlungsbefehl bezog sich auf einen Wechsel über 2400 Livres, der am 20. November 1758 von Henry de la Haye zugunsten Genovinis gezogen und von Casanova akzeptiert worden war, bevor Genovini ihn an Mercier und Sandrin und diese ihn wiederum an einen Louis Petitain weitergaben. Als Casanova sich trotz richterlicher Entscheidung weigerte zu zahlen, wurde er auf Veranlassung Petitains am 23. August 1759 verhaftet und im Fort-l'Evêque gefangen gesetzt. Erst nachdem er das Geld aufgebracht hatte, wurde er am 25. August wieder freigelassen. Am gleichen Tage reichte Casanova eine Gegenklage ein und behauptete, daß der Wechsel nie von ihm akzeptiert worden sei. Am 4. September präsentierte er seinerseits Petitain einen Wechsel über 11 890 Livres, der anscheinend von letzterem unterschrieben war. Petitain beschuldigte daraufhin Casanova der Fälschung.

Diese verschiedenen Gerichtsverfahren, die Samaran ans Licht brachte, sind viel diskutiert worden. Kritiker waren schnell bei der Hand, Casanova kriminelle Absichten zu unterschieben, und maßen der Beschuldigung Obertis vom 22. August, daß sein Wechsel gefälscht sei, entscheidende Bedeutung bei. Trotz gründlicher Forschungen konnte Samaran das Geheimnis um den Ausgang aller dieser Prozesse nicht lüften. Er entdeckte nur, daß am 22. Dezember, mehrere Monate nach Casanovas Abreise aus Paris, ein Haftbefehl gegen ihn erlassen wurde: bis zur Klärung des schwebenden Verfah-

auf drangen diese beiden bei Casanova ein und zwangen ihn mit vorgehaltener Pistole, ihnen das Geld zur Flucht aus Holland zu geben. Es war nicht das letzte Abenteuer, das er mit ihnen erlebte.

Eine andere Bekanntschaft, die er in Holland erneuerte, war die des Comte de Saint-Germain, den er zum ersten Mal in Paris bei Mme. d'Urfé getroffen hatte. In den *Memoiren* und in seinem *Soliloque d'un Penseur* hat er sowohl das Porträt Saint-Germains, den er sehr hoch schätzte, als auch das Cagliostros gezeichnet. Saint-Germain reiste im Auftrage des französischen Hofs; er sollte ebenfalls eine Anleihe aufnehmen und außerdem die Möglichkeiten eines Friedensschlusses zwischen England und Frankreich erkunden. Das genaue Datum seiner Ankunft ist nie mit Sicherheit festgestellt worden. Casanova ist der einzige, der die Anwesenheit Saint-Germains vor seiner eigenen Abreise Anfang Februar bezeugt. In einem Bericht des französischen Konsuls in Amsterdam wird dagegen erst der 16. Februar 1760 als Tag seiner Ankunft genannt. Am französischen Hof bestanden bittere Rivalitäten um Saint-Germain, die Choiseul schließlich zu seinen Gunsten entscheiden konnte. Er veranlaßte den König, bei der holländischen Regierung durch d'Affry einen Haftbefehl gegen Saint-Germain und dessen Auslieferung an Frankreich zu beantragen. Casanova erzählt, daß Saint-Germain von den Holländern rechtzeitig gewarnt wurde, und beschreibt, wie sie ihm bei seiner Flucht nach England am 16. April 1760 behilflich waren.

Der durch zeitgenössische Dokumente gestützte Bericht, den Casanova über die Tätigkeiten Saint-Germains in Holland gibt, ist historisch recht interessant. Er irrt sich jedoch in einer Kleinigkeit, wenn er Calkoen als holländischen Mittelsmann bezeichnet. In Wahrheit war es Graf Willem Bentinck. Ein schwerer wiegender Irrtum unterläuft ihm bei seiner Behauptung, daß Thomas Hope ihm alle Tatsachen mündlich mitgeteilt habe. Da Casanova Holland bereits Anfang Februar verließ, konnte er – was wahrscheinlich auch der Fall war – nur brieflich über sie unterrichtet gewesen sein. Vielleicht hat er bei der Darstellung der Ereignisse die dramatischere Form des Dialogs gewählt, um sie in schärferen Umrissen hervortreten zu lassen.

Casanova sah sich außerstande, die Anleihe für die französische Regierung aufzunehmen, und entschloß sich zu einer Reise nach Deutschland. Er fuhr zuerst nach Köln, wo er am 7. Februar 1760 eintraf und herzlich von den führenden Persönlichkeiten der Stadt, einschließlich des Kommandanten der französischen Truppen, Comte de Torcy, empfangen wurde. Natürlich zeichnete sich auch dieser Aufenthalt durch die Intrige mit einer schönen Frau aus. Sie gewährte ihm ein Stelldichein in einer Kapelle, von der man durch eine Seitentür unmittelbar in ihr Haus gelangen konnte. Casanova gibt an, sie sei die Gattin eines Bürgermeisters gewesen. Einige Kommentatoren haben sie als Marie (Mimi) von Groote identifiziert. Ihr Liebhaber war der österreichische Militärattaché General Ketteler, mit dem Casanova wenig später in Konflikt geriet.

Am 13. Februar besuchte er mit seiner neuen Liebe einen intimen Kostümball beim Kurfürsten von Bonn. Der Fürst, ein Bewunderer Venedigs, lud Casanova am nächsten Tag zum Diner ein und schenkte ihm eine goldene Schnupftabakdose mit seinem Porträt. Auf dem Ball erschien jeder in ländlicher Kleidung, die der Kurfürst aus seiner Garderobe zur Verfügung gestellt hatte. Derartige Festlichkeiten, die man als «Wirtschaft» bezeichnete, wurden schon seit dem 16. Jahrhundert an deutschen Höfen gepflegt und unterschieden sich von den französischen oder italienischen Maskenbällen dadurch, daß die Teilnehmer nicht wie bei diesen selbst ihre Verkleidung wählen konnten, sondern der Vorschrift des fürstlichen Gastgebers folgen mußten. Casanova erzählt uns, daß der Kurfürst sich mit ihm im venezianischen Dialekt unterhielt, den er nachweislich beherrschte. Er hegte eine solche Vorliebe für Venedig, daß er den See seines Schlosses bei Brühl von venezianischen Gondolieri befahren ließ und italienische Pagen in seinem Gefolge hielt. Zu jener Zeit galt Italien und besonders Venedig als vorbildlich in Fragen der Kultur und des guten Geschmacks.

Während Ennen und Gugitz die Authentizität des Berichtes anzweifeln, den Casanova über das Leben am Hofe Clemens Augusts gibt, hat F. W. Ilges in seinem trefflichen Essay «Casanova in Köln» eine Fülle von Einzelheiten herangetragen, die die historische Richtigkeit des Casanova-Berichtes beweisen und deutlich werden lassen, mit welcher erstaunlichen Genauigkeit er das Bild des Kurfürsten gezeichnet hat.

Casanovas böser Genius, Baron Wiedau, der aus Holland fliehen mußte, war offensichtlich vor ihm in Köln eingetroffen. Sein Groll gegen Casanova war noch nicht erloschen, und am 25. Februar ver-

Comte de Saint-Germain

anlaßte er seine Verhaftung. Casanova selbst erzählt uns nichts darüber, aber der französische Geschäftsträger in Bonn, Laugier, berichtet am 9. März in einem Schreiben an Choiseul:

«Ein Unbekannter, der sich Baron Wiedau nennt, verlangte von einem Richter in Köln Casanovas Arretierung und behauptete, dieser schulde ihm 5000 Gulden. Casanova wurde verhaftet, als er gerade das Haus des Comte de Torcy verließ, bei dem er diniert hatte. Er bestritt die Schuld, deponierte jedoch, um einer Verhaftung zu entgehen, einen Ring, eine Schnupftabakdose und goldene Uhr, 25 Louis und einen Wechsel über 3800 Gulden. Der Richter übergab alles Baron Wiedau, der hier den Wechsel bei einem Notar zur Einlösung hinterlegte und sofort nach Mainz abreiste.

Gestern traf hier ein junger Franzose aus Köln ein ... Dieser Unbekannte behauptet, daß Casanova im Fort-l'Evêque in Paris gefangen gewesen sei ..., daß Casanova sich in Amsterdam, wo er ihn sah, etwas zuschulden hatte kommen lassen, so daß der dortige Polizeichef seine Arretierung zusammen mit der seines Begleiters, Baron

Kurfürst Clemens August von Köln

Wiedau, anordnete, daß beide rechtzeitig flohen, daß sie in Utrecht und Köln gewesen seien und daß ihr angeblicher Streit in letztgenannter Stadt nur ein Vorwand gewesen sei, um ihre Betrügereien fortzusetzen.»

Der Franzose, der dieses Material gegen Casanova vorbrachte, wurde von Laugier als Talvis identifiziert und als Abenteurer bezeichnet. H. Hardenberg, der Archivdirektor im Haag, hat gründlich die entsprechenden Akten durchforscht, ohne jedoch eine Bestätigung weder für die Behauptungen Talvis', noch für die Casanovas zu finden. Abbé Marc-Antoin Laugier, ein Jesuit und Anfänger des diplomatischen Handwerks, erkannte offensichtlich nicht, was Casanova schon lange entdeckt hatte: daß Talvis und Wiedau zwei Galgenvögel von gleichem Schrot und Korn waren. Offensichtlich hatten sie sich nach ihrer Flucht entzweit, und Talvis wollte sowohl seinen früheren Kumpan als auch Casanova anschwärzen.

Am 13. April schrieb Laugier abermals an Choiseul:

«Monsieur de Casanova ist nicht mehr hier, und ich weiß nicht, wohin er gereist ist. Es hat sich bestätigt, daß er in Amsterdam war und der dortige Polizeichef ihn wegen seiner Schurkenstreiche festnehmen wollte. Er hat sich jedoch auf einen Kampf mit der Polizei eingelassen und entkam. Aus Venedig ist bekannt, daß er von niedriger Geburt ist und daß ihn in seiner Heimatstadt Schlimmeres als der Kerker erwartet. Seine Abreise ist dem Empfang gewisser Briefe, die ihn entlarvt hätten, zuvorgekommen.»

Das Einzige, was sich zur Verteidigung des naiven Laugier sagen läßt, ist, daß er genau so getäuscht wurde wie die Vertreter der Kölner Obrigkeit. Aus Dokumenten, die Ilges gefunden hat, geht hervor, daß die Kölner Stadträte – nachdem sie seinen Betrug entdeckt hatten – im Juni 1760 einen Prozeß gegen Wiedau anstrengten und Casanova von aller Schuld freisprachen. Natürlich erfahren wir darüber nichts aus den Berichten Laugiers — er wäre der erste Diplomat, der seine eigenen Depeschen widerrufen hätte.

Dadurch, daß er der Gattin des Bürgermeisters den Hof machte, hatte Casanova sich Ketteler zum Todfeind gemacht. Als der General wenig später nach Paris fuhr und einen Tag nach seiner Ankunft am 23. März 1760 den im Urlaub weilenden französischen Regierungsvertreter in Bonn, Herrn de Bausset, traf, teilte er ihm so bedeutungsvolle Nachrichten mit, daß dieser sie gleich am nächsten Tag brieflich dem Duc de Choiseul übermittelte:

«Monsieur de Ketteler hat mit mir über einen gewissen Casanova gesprochen, über den Sie zu informieren mein Sekretär [Laugier] bereits die Ehre hatte. Monsieur de Ketteler behauptet, daß er streng überwacht werden sollte und daß er selbst bereits eine Zeitlang ein scharfes Auge auf ihn gehabt habe. Er verdächtigt ihn, ein äußerst gefährlicher Spion zu sein, der der schwersten Verbrechen fähig sei ... Er glaubt, daß er Mitglied eines Spionageringes ist und mit übel gesinnten holländischen Offizieren in Verbindung steht. Monsieur de Ketteler hat durch gewisse Papiere, die sich in seinem Gepäck befanden, Informationen über eine gräßliche Verschwörung erhalten. Er meint, falls es nötig ist und Sie es befehlen, in der Lage zu sein, entsprechende Vorkehrungen zu treffen . . . Der Ernst und die Bedeutung, die Monsieur Ketteler dem Fall Casanova beimißt, haben mich veranlaßt, Ihnen unverzüglich zu schreiben. Ich bin bereit, Monsieur, Ihre Befehle auszuführen — sei es, daß Sie Monsieur de Ketteler die Ehre geben wollen, Sie persönlich über das zu unterrichten, was er von der Sache weiß; sei es, daß ich meine Erkundigungen fortsetze.»

Ilges, der als erster dieses wichtige Dokument aus den französi-

Baron Ketteler

Nikolaus II., Abt von Imfeld

schen Archiven ausgegraben hat, schreibt, daß der Bericht erstaunlich wenig Eindruck auf Choiseul machte. Im Auftrage des Ministers teilte Berryer, der Chef der Pariser Polizei, Herrn de Bausset nur kühl und kurz mit, daß weitere Recherchen unnötig seien. Für Ilges gibt es nur zwei Möglichkeiten, diese Gleichgültigkeit zu deuten: entweder waren Choiseul die heimlichen Tätigkeiten Casanovas schon bekannt, oder er hatte Instruktionen, ihm insgeheim seinen Schutz zu gewähren.

Es ist oft die Frage aufgeworfen worden, ob nicht die ausgedehnten Reisen Casanovas über fast ganz Europa einem geheimen Zweck dienten. Man hat behauptet, daß er ein Agent der Jesuiten oder der Freimaurer oder vielleicht ein Spion gewesen ist. Die letzte Hypothese erscheint weitaus am einleuchtendsten. Sie erhält sowohl durch die Zurückhaltung, mit der Choiseul die Aussage Kettelers aufnahm, als auch durch diese selbst ein gewisses Gewicht. Auch die *Memoiren* geben einen, freilich versteckten, Hinweis auf eine solche Spionagetätigkeit. In Solothurn warnte Casanova 1760 Mme. Dubois: *Unterlassen Sie es in Zukunft, meine Papiere zu lesen oder auch nur anzurühren; ich verwahre Geheimnisse, über die ich nicht frei verfügen kann.*

Wenn Casanova tatsächlich Geheimaufträge übernommen haben sollte – außer denen, mit denen die Franzosen ihn betraut hatten – dann zeigte er sich jedenfalls nicht immer so umsichtig wie in seiner Warnung an Mme. Dubois. Nach seinem Mißgeschick in Köln fuhr er Ende März nach Stuttgart, wo er von drei württembergischen Offizieren betrunken gemacht wurde und 4000 Louis beim Kartenspiel verlor. Nachdem er vergeblich beim Herzog um Gerechtigkeit nachgesucht hatte, drohte man ihm, falls er nicht zahlte, ihn in die Armee zu pressen. Er entkam schließlich unter Umständen, die beinahe so schwierig waren wie in den Bleikammern und die er mit gleichem

Geschick meisterte. Freunde trugen seine Juwelen und Wertsachen am Leibe versteckt aus seinem Hotelzimmer und schafften sie in ihr Haus, das am Stadtwall lag. Casanova täuschte seine Wächter durch eine kluge List und floh zu diesen Freunden, die außerhalb des Walles eine Kutsche bereitgestellt hatten. Er wurde mit seinem Gepäck am Seil hinuntergelassen und fuhr ab. Es war der 2. April 1760.

In Zürich angekommen, folgte er einer Laune und besuchte nach einem sechsstündigen Fußmarsch die berühmte Benediktinerabtei von Einsiedel. Für einen Augenblick spielte er mit dem Gedanken, die Kutte zu nehmen und Klosterbruder zu werden. Der fürstliche Abt, Nikolaus II. von Imfeld, riet ihm jedoch, einen solchen Schritt zwei Wochen zu bedenken, und bewies damit ein bemerkenswertes Einfühlungsvermögen in den Charakter seines Gastes. Eine schöne Frau, der Casanova dann in seinem Gasthaus begegnete, erweckte ihn sogleich aus seinen geistlichen Träumen. Bei ihrem Anblick gab er alle Gedanken an eine klösterliche Laufbahn auf und brach zu ihrer Verfolgung nach Solothurn auf.

Um seine Absichten auf die Schöne besser ins Werk setzen zu können, mietete er in Solothurn das nahegelegene Château de Waldeck. Durch den französischen Botschafter in der Schweiz, de Chavigny, traf er die Unbekannte – eine Baronesse de Roll – wieder. Als er Vorkehrungen traf, sie und ihren Gatten bei sich zu bewirten, lud sich auch eine andere Frau, die unglücklich in ihn verliebte Mme. F., mit ein. In der Nacht, in der er ein Stelldichein mit der Baronesse hatte, gelang es Mme. F., sich an ihre Stelle zu setzen, ohne daß Casanova es merkte. Erst als die Baronesse ihm am nächsten Morgen wegen des versäumten Rendezvous Vorwürfe machte, erkannte er, daß er das Opfer eines bösen Streiches geworden war. Er fand um so mehr Anlaß zur Beunruhigung, als Mme. F. ihm nach ihrer geglückten Rache für seine Gleichgültigkeit einen höhnischen Brief schrieb und ihm mitteilte, daß sie ihn wahrscheinlich mit einem unwillkommenen Geschenk bedacht habe und er besser daran täte, auf seine Gesundheit zu achten. Casanova zog seine attraktive Haushälterin, Mme. Dubois, ins Vertrauen und beichtete ihr sein doppeltes Mißgeschick. Als sein Diener Le Duc dann zufällig dieselbe Krankheit bekam wie er, schlug Mme. Dubois vor, er solle sich dadurch an Mme. F. rächen, daß er Le Duc als denjenigen bezeichne, der an seiner Stelle in der Dunkelheit ihre Gunst genossen habe. Mme. F. mußte sich überzeugen, daß tatsächlich der Diener alle Merkmale der dem Herrn zugedachten Krankheit trug, und der Zwischenfall endete zur Zufriedenheit der Leidtragenden: Casanova fühlte Genugtuung, daß er seine Feindin gedemütigt hatte, und Le Duc sah sich unverhofft von ihr mit einem hübschen Schmerzensgeld bedacht.

Wie man sieht, war Mme. Dubois, die Casanova für einige Zeit fester in sein Herz schloß als die meisten seiner Liebschaften, eine Frau von hervorragender Intelligenz. Sie zitierte Locke und befriedigte nach Wiederherstellung seiner Gesundheit auch seine fleischlichen Bedürfnisse. Ihre Identität ist nie festgestellt worden; wir wissen nur von ihr, was sie selbst Casanova erzählte. 1733 geboren, trat sie 1751 in den Dienst des berühmten englischen Blaustrumpfs Mrs. Elizabeth Montagu und heiratete etwa ein Jahr später einen Kammerdiener ihrer Herrschaft. Als dieser 1757 in Windsor starb, kehrte sie zu ihrer Mutter nach Lausanne zurück, wo sie 1760 Casanova traf. Er dachte daran, sie zu heiraten, aber wie üblich überlegte er sich die Sache und überredete sie schließlich, Chavignys Haushofmeister Lebel zum Gatten zu nehmen.

Bevor Casanova Solothurn verließ, bat er Herrn Chavigny, ihm einen Empfehlungsbrief an Bernard de Muralt, einen bekannten Richter in Bern, zu geben. Muralt nahm ihn freundlich auf und stellte ihn wiederum auf seine Bitte Albrecht Haller vor, der in Roche lebte und damals in ganz Europa berühmt war. Es ist bemerkenswert, daß Casanova nie eine Gelegenheit verpaßte, Bekanntschaft mit Männern zu schließen, die wie Haller außergewöhnliche geistige Gaben besaßen. Die Bibliothek von Bern besitzt einen Brief Muralts an Haller vom 21. Juni 1760, der besonders aufschlußreich ist.

«Seit einiger Zeit lebt hier im Gasthaus ‹Zur Krone› ein Ausländer, der sich Chevalier de Seingalt nennt und mir auf Veranlassung einer einflußreichen Dame in Paris wärmstens vom Marquis de Gentils empfohlen wurde. Er reiste vorgestern nach Lausanne ab, wo er sich für einige Zeit aufhalten wird und beabsichtigt, Sie zu besuchen, da er darauf brennt, 1. Sie zu sehen und 2. das Salzbergwerk ... Dieser Ausländer ist wert, daß Sie ihn empfangen, und er wird Sie interessieren. Er ist ein Rätsel, das wir hier nicht lösen konnten; wir haben noch nicht einmal herausgefunden, wer er eigentlich ist.

Er weiß nicht so viel wie Sie, aber er weiß viel. Er spricht über alles mit großer Beredsamkeit und scheint erstaunlich viel gesehen und gelesen zu haben. Es wird behauptet, daß er alle orientalischen Sprachen beherrscht. Für niemanden hier schrieb er einen persönlichen Empfehlungsbrief. Scheinbar will er unerkannt bleiben. Jeden Tag erhält er per Post eine gewaltige Zahl von Briefen und schreibt selbst jeden Morgen ... Da er in Italien aufgewachsen ist, spricht er Französisch auf italienische Art. Er erzählte mir seine Lebensgeschichte, die ich hier nicht wiedergeben kann, da sie zu lang ist. Er wird sie Ihnen auf Ihren Wunsch auch erzählen. Er sagte mir, er sei ein freier Mann, ein Weltbürger, und er achte die Gesetze aller Herrscher, unter denen er lebe. Er hat hier ein streng geregeltes Leben ge-

Albrecht Haller

führt. Wie er mir zu verstehen gab, interessiert er sich hauptsächlich für Naturgeschichte und Chemie. Mein Vetter [Louis] de Muralt . . ., der sehr an ihm hing und mir ebenfalls einen Brief an Sie gegeben hat, glaubt, er sei der Comte de Saint-Germain. Er hat mir einige Proben seiner kabbalistischen Kenntnisse gegeben, die, wenn sie echt sein sollten, erstaunlich sind und ihn zu einer Art von Zauberer machen . . . mit einem Wort: er ist wirklich eine einzigartige Persönlichkeit. Er könnte nicht besser gekleidet und ausgestattet sein. Nachdem er Sie besucht hat, will er Voltaire besuchen und ihn auf die vielen Fehler in seinen Büchern aufmerksam machen. Ich weiß aber nicht, ob ein so liebenswerter Mann nach Voltaires Geschmack ist . . .»

Muralt sollte darin recht behalten. Denn obgleich wir kein sicheres Zeugnis darüber besitzen, welchen Eindruck Casanovas Besuch auf Voltaire gemacht hat, zeigt die spätere Abneigung Casanovas gegen den Philosophen, daß Voltaire ihn nicht so ernst genommen hatte, wie er es nach seiner eigenen Meinung verdiente. Casanovas

Voltaire

brüske Art, die Ansichten Voltaires, wo immer er konnte, anzugreifen, mußten notwendigerweise schlecht aufgenommen werden; ein so berühmter Mann wie Voltaire war nicht gewohnt, sich von einem noch Unbekannten der literarischen Welt widersprechen zu lassen. Obgleich Casanova vom 5. oder 6. Juli ab wenigstens vier Tage mit Voltaire in dem vor Genf gelegenen Les Delices verbrachte und die beiden Männer sich über viele, vornehmlich literarische Themen unterhielten, findet sich in Voltaires Korrespondenz nirgends der Name Casanova. In einem Brief vom 7. Juli schreibt er allerdings, daß «wir einen komischen Menschen hier haben». Möglicherweise ist damit Casanova gemeint. Und in einem Brief an Albergati vom 5. September 1760 heißt es: «Sie haben mir wirklich gerade jetzt ein Vergnügen bereitet durch Ihre Übersetzung und Ihre gute Antwort an diesen Ca . . .» T. Besterman meint, es gäbe «kaum Zweifel, daß dieser Hinweis sich auf Casanova bezieht».

Der Bericht, den Casanova in den *Memoiren* über seinen Besuch bei Voltaire gibt, ist nur die gekürzte Fassung eines anderen, der ursprünglich beinahe einen Band füllte. Unglücklicherweise ist er nie aufgefunden worden; aber in der *Confutazione*, der *Scrutinio* und *A Leonard Snetlage* nahm Casanova gewisse Passagen auf, die wahrscheinlich aus dem umfangreicheren Originalbericht stammen. In *A Leonard Snetlage* schreibt er: *Ich habe mein ganzes Leben lang den Vorwurf des Plagiats gefürchtet. Das einzige Mittel, mich dagegen zu sichern, war das Zitat. Voltaire nahm die Sache leicht. Er sagte, was er geschrieben habe, sei sein geistiges Eigentum, auch wenn Philippe de Comines es schon zweihundert Jahre vor ihm geschrieben habe. Aber nur ein Voltaire könne es auf diese Art sagen.*

Bis auf die deutschen Kritiker haben die Kommentatoren des frü-

«Les Delices», der Wohnsitz Voltaires

hen 19. Jahrhunderts dem aufschlußreichen Porträt, das Casanova von Voltaire zeichnet, kaum Aufmerksamkeit geschenkt. In jüngerer Zeit hat Georg Brandes sich in seinem «Voltaire» darauf bezogen. Der italienische Biograph Zottoli hält das Kapitel über Voltaire für den bedeutendsten Abschnitt der *Memoiren*. Maynial, der die detaillierteste und gründlichste Studie darüber geschrieben hat, kommt zu dem Schluß, daß «alles in allem das Bild genau ist, und nichts kann seinen historischen und dokumentarischen Wert mindern».

Mlle. Roman
Der portugiesische Auftrag
Die Wiedergeburt der Marquise

Von Genf brach Casanova nach dem Süden auf, um Rom und Neapel zu besuchen. Er machte zuerst in Aix-en-Savoie, dem heutigen Aix-les-Bains Station, das damals wie heutzutage im Juli von Kurgästen überlaufen war. Da es seinerzeit zum Königreich Sardinien gehörte und infolgedessen viele Italiener anzog, war Casanova nicht abgeneigt, eine Nacht dort zu verbringen – besonders, da eine schöne Frau ihn darum bat. Er verschob dann seine Abreise um mehrere Tage, als er zufällig einer Nonne begegnete, die er für M. M. hielt und die, wie sich herausstellte, denselben Klosternamen wie seine frühere Geliebte trug. Sie war angeblich aus Gesundheitsrücksichten, um den Brunnen zu trinken, von Chambery nach Aix gekommen. In Wahrheit erwartete sie ein Kind. Mit seiner üblichen Ritterlichkeit war Casanova sofort bereit, ihr zu helfen. Er verschaffte ihr Opium, um die Laienschwester, die sie begleitete, bei der heimlichen Geburt des Kindes einzuschläfern. Als die Dosis sich als zu stark erwies, fürchtete M. M. einen Skandal und entschloß sich, keinen Arzt zu rufen, sondern der Natur ihren Lauf zu lassen. Casanova willigte ein, und da die Schwester nicht wieder erwachte, leistete er – wie aus seiner Erzählung klar hervorgeht – ungewollt Beihilfe zu einem Mord.

Als M. M. nach Chambery zurückkehrte, reiste Casanova nach Grenoble, wo er dank eines Empfehlungsbriefes der Marquise d'Urfé am gesellschaftlichen Leben der Stadt teilnahm. Bei einem Konzert verliebte er sich in eine Mlle. Roman-Coupier, die aus guter Familie kam, aber in bescheidenen Verhältnissen lebte. Er bestürmte sie vergeblich; sie war bereit, ihn zu heiraten, aber sie wollte sich ihm nur nach geschlossener Ehe hingeben.

Er kam auf die Idee, ihr das Horoskop zu stellen, und nachdem er geschickt Einzelheiten ihres früheren Lebens in Erfahrung gebracht hatte, schrieb er es auf acht Seiten nieder. Er schloß mit der Prophezeiung, daß sie als Mätresse des Königs in Paris ihr Glück machen würde, wenn sie vor ihrem nächsten Geburtstag von Ludwig XV. gesehen werde.

Als er im Dezember in Florenz war, schrieb man ihm, daß Mlle. Roman – im Glauben, ihr Horoskop würde sich sonst nicht erfüllen – tatsächlich nach Paris gereist war. Fünf Monate später, im Mai 1761, teilte ihre Tante ihm mit, daß Mlle. Roman die Geliebte des Königs geworden sei, ein schönes Haus in Passy besitze und seit fünf Monaten schwanger sei. Sie legte einen Brief an Mlle. Romans Schwester in Paris, Mme. Varnier, bei, der er im folgenden Monat seine Aufwartung machte und die eine Begegnung mit Mlle. Roman in ihrem Hause arrangierte. Die Beschreibung, die das Mädchen von ihrer Lage gab, der Kontrast, den sie aufwies zwischen ihrem jetzigen traurigen Luxus und den glücklichen Tagen in Grenoble, als sie noch nichts besaß, gehört zu dem Interessantesten, was die *Memoiren* zu bieten haben.

Französische Historiker haben darüber gestritten, wieviel Wahr-

Mademoiselle de Roman. Gemälde von François-Hubert Drouais

heit Casanovas Bericht enthält. Natürlich können wir nicht erwarten, etwas über seine Rolle bei der Intrige in den zeitgenössischen Chroniken zu finden (Mlle. Roman hatte sich, wie er erzählt, dem König anvertrauen wollen, aber die falschen Anschuldigungen gefürchtet, die sich möglicherweise daraus ergeben hätten) – nichts jedoch in diesen Chroniken widerspricht Casanovas Bericht. Barbier schrieb im Dezember 1761, daß Mlle. Roman seit etwa einem Jahr die Geliebte des Königs sei, und Du Gast de Bois de Saint-Just («Paris, Versailles», III, 1817) versichert, sie sei durch Mme. Varnier dem König vorgestellt worden, der ihr ein schönes Haus in Passy geschenkt habe. Außerdem hat Samaran entdeckt, daß ihre hinterlassenen autobiographischen Aufzeichnungen vom 8. April 1775 genau die gleiche Traurigkeit widerspiegeln, die Casanova an ihr bemerkte. Wir wissen auch, daß sie dem König am 13. Januar 1762 ein Kind gebar, Louis-Aimé de Bourbon. Cucuel schreibt: «Einmal hat unser Held das Schicksal nach seiner Laune gelenkt, und man weiß nicht, was man mehr bei diesem Abenteuer bewundern soll: die Kühnheit, mit der er solche Prophezeiungen machte, oder die Ereignisse selbst, die die Vorstellungen seiner Phantasie verwirklichten.»

Er setzte seine Reise nach dem Süden fort und stieg in Avignon ab, um das Ehrenmal Petrarcas in Vaucluse zu besuchen. Während seines Aufenthalts machte er die Bekanntschaft eines anderen Abenteurers, Stuard, und seiner angeblichen Gattin – zwei der merkwürdigsten Charaktere in Casanovas Bildergalerie. Dr. F. L. Mars hat sie kürzlich als einen gewissen Tuard und eine Mlle. Marie Anne Constance Louise des Grafs identifiziert.

Das Mädchen, die Tochter eines Anwalts in Aachen, war von Tuard entführt worden und hatte zu der Zeit, als Casanova sie traf, alle Illusionen über ihren Begleiter verloren. Die Dokumente, die ihre Identität enthüllen, wurden in den Archiven von Turin und Aachen gefunden; man hatte sie auf Grund von Nachforschungen über den Aufenthalt des Paares in Nizza angelegt, wo die beiden anscheinend einige Wochen vor dem Zusammentreffen mit Casanova Station gemacht hatten. Aus diesen Akten geht hervor, daß Casanova den Charakter der beiden weit schärfer erkannt hatte als die maßgeblichen Stellen in Nizza, die sich von der bombastischen Erzählung Stuards völlig hatten blenden lassen.

In Marseille traf Casanova die Zofe einer Prostituierten, Rosalie, die ihn mehr fesselte als ihre Herrin. Rosalie hatte erst vor kurzem ihr Elternhaus verlassen, als ihre Mutter sie wegen einer Liebelei mit einem Genueser Kaufmann verfluchte, der sie heiraten wollte. Als Casanova von ihrem Unglück hörte, nahm er sie sofort unter seine Fittiche. Er versah sie mit einer hübschen Aussteuer und überredete sie, ihn nach Genua zu begleiten, wo er sie ihrem Freier zuführte. Von Genua fuhr er weiter nach Florenz, wo er Ende November 1760 eintraf und bis zum 19. Dezember blieb. Unerwartet traf er hier Theresa Lanti wieder, die er als Bellino vor fünfzehn Jahren kennengelernt hatte. Sie war verheiratet und hatte – wie sie behauptete – ein Kind von ihm. Auch frischte er die Bekanntschaft mit Abbate Gama auf, einem Portugiesen, den er 1744 in Rom getroffen hatte. Gama machte ihm den Vorschlag, Portugal beim Augsburger Kongreß zu vertreten, dessen Zusammenkunft für den Sommer 1761 erwartet wurde, um in Europa Frieden zu schaffen. Durch Theresa traf Casanova dann noch eine Bologneser Tänzerin, Marianne Corticelli, die er 1762 unglücklicherweise in Anspruch nahm, um Mme. d'Urfés Wiedergeburt ins Werk zu setzen.

Bei diesen Begegnungen können wir uns nur auf Casanova selbst verlassen; die Anwesenheit einer anderen von ihm erwähnten Person jedoch, Charles Iwanoff, wird durch die Florentiner Archive bestätigt. Dieser dunkle Abenteurer, der vielleicht in Danzig geboren wurde und sich selbst als russischer Adliger ausgab, hatte sich einige Monate zuvor – nach den Berichten der «Gazette de Schaffhouse» vom 19. März 1760 – mehrerer Wechselfälschungen schuldig gemacht. Casanova hatte ihn bereits in Grenoble, dann in Avignon und zuletzt in Genua gesehen, war aber jedesmal den Annäherungsversuchen Iwanoffs ausgewichen. In Florenz nun erhielt er einen Brief von ihm aus dem Hotel de la Poste in Pistoia mit einem Wechsel, den er gebeten wurde, einzulösen. Casanova vermutete, daß er falsch war, ritt sofort nach Pistoia und riet Iwanoff, ihn von seinem Wirt diskontieren zu lassen. Bei seiner Rückkehr nach Florenz hörte er, daß sich der Wirt dazu verstanden hatte. Als sich der Wechsel dann jedoch tatsächlich als Fälschung erwies, wurde Casanova dafür haftbar gemacht; nur auf Grund der Tatsache – so argumentierte man –, daß Iwanoff ihn aus den Händen Casanovas empfangen habe, hätte man ihn eingelöst. Casanova weigerte sich zu zahlen, wurde von dem Florentiner Polizeichef um einen Besuch gebeten und, als er der Bitte nachkam, ersucht, dem Wirt den Schaden zu ersetzen. Casanova entgegnete, daß er dadurch ja indirekt eingestände, an dem Betrug beteiligt gewesen zu sein. Da man ihn nicht zur Zahlung zwingen konnte, erhielt er am nächsten Tag vom Polizeichef den Befehl, Florenz innerhalb von drei Tagen zu verlassen.

Nachforschungen in den Florentiner Archiven brachten kürzlich drei Briefe zutage, die der Polizeichef am 2., 4. und 12. Dezember 1760 an den Richter in Pistoia geschrieben hatte und die nicht nur Casanovas Bericht verifizieren, sondern ihn auch noch in einigen interessanten Einzelheiten ergänzen.

Das erste Schreiben bestätigt den Empfang von Informationen über den jungen Ausländer [Iwanoff], der «sich seit einigen Wochen in Pistoia aufhält», und bittet um weitere Auskünfte über die Person [Casanova], die vom Hotel Vannini in Florenz nach der Nuovo Osteria in Pistoia gekommen sei. Im zweiten Brief schreibt der Polizeichef, daß entgegen seiner ersten Information der im Hotel Vannini abgestiegene Chevalier kein Portugiese, sondern ein Venezianer sei, «ein Schriftsteller, schlau und mit allen Wassern gewaschen, der nach seiner eigenen Darstellung imstande ist, die verschiedensten Tätigkeiten auszuüben». Der Richter wurde gebeten, wenn möglich die Art der Intrige zwischen den beiden Individuen [Iwanoff und Casanova] in Erfahrung zu bringen und sicherzustellen, daß ersterer sich nicht an Leichtgläubige heranmache, um unter Vorspiegelung falscher Tatsachen Geld von ihnen zu leihen. Dann heißt es:

«Der Mann, der im Hotel Vannini wohnt, lebt anständig, aber nicht verschwenderisch und hat keine Schulden. Er wird von zwei Personen begleitet, von denen die eine ihm als Sekretär dient [Costa] und die andere als Kammerdiener [Le Duc]. Außerdem hat er noch einen Lohndiener [‹laquais de place›].

Obgenannte Person war zuerst als Chevalier Sangalli [Seingalt] bekannt, jetzt ist er im Hotelregister unter dem Namen Chevalier Santacrux, portugiesischer Nationalität, eingetragen. Vermutlich bleibt er noch bis zum 17. dieses Monats, da er die Absicht hat, nach Rom zu reisen und von dort nach Neapel, wo er den Herzog von Matalone kennt.»

Casanova hatte 1759 den Titel eines Chevalier de Seingalt angenommen; den Grund oder die näheren Umstände kennen wir nicht. Wir hören zuerst im Juli 1760 aus Grenoble, daß er den neuen Namen gebraucht. Als er im darauffolgenden Jahr von einem Bürgermeister in Augsburg gefragt wurde, warum er einen falschen Namen angäbe, stritt Casanova diesen Vorwurf ab und erklärte:

‹Er gehört mir in dem Sinne, daß ich ihn gegen jeden, der es wagen sollte, ihn anzunehmen, mit allen Rechtsmitteln als mein Eigentum behaupten würde.›

‹Ah! Und wieso gehört dieser Name Ihnen?›

‹Weil ich ihn erfunden habe. Aber das hindert mich nicht, ebensogut Casanova zu sein.›

‹Mein Herr, Sie müssen zwischen Casanova und Seingalt wählen; man kann nicht zwei Namen haben.›

‹Die Spanier und die Portugiesen haben oft ein halbes Dutzend.›

‹Sie sind aber kein Spanier oder Portugiese, sondern Italiener. – Und wie kann man überhaupt selbst einen Namen für sich erfinden?›

‹Das Alphabet gehört der ganzen Menschheit, niemand kann das leugnen. Ich habe acht Buchstaben genommen und sie so zusammengesetzt, daß sie das Wort Seingalt ergeben. Es gefiel mir, und ich habe es als meinen Zunamen angenommen . . .›

‹Das ist eine äußerst seltsame Idee . . ., denn Ihr Name sollte doch kein anderer sein als der Ihres Vaters.›

‹Ich glaube, da befinden Sie sich im Irrtum. Der Name, den Sie selbst

Casanova. Miniatur, Baudoin zugeschrieben

tragen, weil Ihr Vater ihn vor Ihnen trug, ist nicht von Ewigkeit an dagewesen. Er muß von einem Ihrer Vorfahren erfunden worden sein . . .›

‹Sie werden mir doch zugeben, daß es Gesetze gegen falsche Namen gibt?›

‹Das ist wahr. Aber ich wiederhole: dieser Name ist mein richtiger. Ihr Name, den ich achte, ohne ihn zu kennen, kann nicht echter sein als meiner, denn es ist ja möglich, daß Sie nicht der Sohn des Herrn sind, den Sie für Ihren Vater halten.›

Außer «Chevalier de Seingalt» verwendet Casanova gelegentlich den Titel «Conte Farussi» nach dem Mädchennamen seiner Mutter,

Johann Winckelmann. Radierung von Angelika Kauffmann

aber «Chevalier Santacrux» gibt ein Rätsel auf. – Möglicherweise hatte Abbate Gama ihm geraten, diesen portugiesischen Namen vor der in Aussicht gestellten Augsburger Mission anzunehmen.

Aus dem dritten und letzten Brief des Polizeichefs vom 12. Dezember 1760 erfahren wir, daß Iwanoff – der als «Vagabund» bezeichnet wird – aus Pistoia entflohen ist und der Schreiber des Briefes Mittel erwägt, gegen «seinen Kumpanen» [Casanova] im Hotel Vannini in Florenz vorzugehen. Wie wir dann aus den *Memoiren* erfahren, muß er wenige Tage später den Befehl erhalten haben, Florenz innerhalb von drei Tagen zu verlassen. Obwohl wir nicht alle Briefe zwischen dem Polizeichef und dem Richter in Pistoia besitzen, lassen die erhaltenen Zeugnisse erkennen, daß man Casanova keine gesetzwidrigen Handlungen vorwerfen konnte, da man ihm sonst nicht erlaubt hätte, aus Florenz abzureisen. Gugitz hat behauptet, Iwanoff sei eine erdichtete Gestalt Casanovas; die zitierten Briefe dürften endgültig diese phantastische Hypothese ad absurdum führen.

Obwohl Casanova nur zehn Tage auf seinem Weg nach Neapel und noch einmal zehn Tage bei seiner Rückreise in Rom blieb, schloß er doch in dieser kurzen Zeit wichtige neue Bekanntschaften und knüpfte zugleich eine neue Liebesintrige an. Es ist erstaunlich, mit welcher Leichtigkeit er sich immer wieder von ernsten Dingen des Geistes den Befriedigungen seiner Sinne zuwenden konnte. Ein bemerkenswertes Beispiel dafür gibt er während seines Genfer Aufenthalts, als er nach einem Tag tiefgründiger Gespräche mit Voltaire die Nacht in Gesellschaft dreier Mädchen von guter Familie, doch leichter Moral verbrachte. Viele haben es genauso gemacht, aber niemand hat so offenherzig die Seite seines Lebens enthüllt, die gewöhnlich im Dunkeln bleibt. Doch gerade diese Offenheit ist es, die dem Bild, das er von sich und anderen zeichnet, solche außerordentliche Lebenskraft und Lebensechtheit gibt, daß andere Memoiren beim Vergleich schal und flach erscheinen. Wir müssen uns schon an die großen Schriftsteller der Imagination wenden, etwa an Shakespeare oder Tschechov, um eine ähnliche Lebensdichte zu finden, ein Leben im Rohzustand, nicht idealisiert oder romantisiert, sondern so, wie es ist, in allen seinen Dimensionen, hoch und niedrig, erhaben und lächerlich, abgeschmackt und edel. Beachten wir, daß es selbst in den freiesten Abschnitten der *Memoiren*, die keine zehn Prozent des Ganzen ausmachen, nirgends eine Spur von Pornographie gibt. Wenn Casanova erotische Details beschreibt, dann tut er es nicht der Pikanterie wegen, sondern um seiner Erzählung das wesentliche Element der Wahrheit mitzuteilen und die Persönlichkeiten seiner Charaktere voll und rund zu gestalten.

Zusammen mit dem berühmten Maler Raphael Mengs und dem bekannten Archäologen Johann Winckelmann, die beide in Rom arbeiteten und mit Casanova in Verbindung standen, wurde er in einer Privataudienz von Papst Clemens XIII. empfangen, den er als Bischof von Padua gekannt hatte. Seine witzigen Einfälle und Bemerkungen ließen den Heiligen Vater herzlich lachen. Nach der Audienz wurde ihm der päpstliche Orden vom Goldenen Sporn verliehen. Casanova war so stolz auf seine neue Würde, daß er den Orden mit Edelsteinen besetzen ließ. Fünf Jahre später legte er ihn wieder ab, als Fürst Czartoryski sich über die Auszeichnung lustig machte und sie als «einen Bettel» bezeichnete, «der nur von Scharlatanen getragen wird». Der Orden hatte jedoch sein Gutes: er gab ihm das Recht, fortan den Titel «Chevalier» zu führen – was er freilich schon seit einiger Zeit ohne diese Berechtigung tat.

In Neapel lebte er mehrere Wochen als Gast des Herzogs von Matalone, dessen Bekanntschaft er 1744 dort gemacht hatte, bevor er ihn 1752 in Paris wiedertraf und von ihm eingeladen wurde. Der Herzog hielt sich *der Form halber* eine Geliebte, Leonilda, in die sich Casanova so leidenschaftlich verliebte, daß er sie heiraten wollte. Leonildas Mutter wurde herbeigerufen, um den Ehevertrag zu unterschreiben, und Casanova erkannte in ihr jene Lucrezia Castelli wieder, mit der er 1744 eine Liebesaffäre gehabt hatte. Leonilda, im Juli 1745 geboren, war seine eigene Tochter. Casanova erklärte sich bereit, nun die inzwischen verwitwete Mutter zu heiraten und sie mit sich auf seine Reisen zu nehmen. Aber zweifellos fürchtete Lucrezia – wie vor ihr Henriette – seinen wankelmütigen Charakter und wollte nur unter der Bedingung ihr Ja-Wort geben, daß Casanova sich fest in Neapel niederließ. Ein seßhaftes Leben war für ihn ohne Reiz, und so machte er sich wieder auf die Wanderschaft.

Über Rom fuhr er nach Turin, wo er, bereits von Abbate Gama erwartet, vom März bis zum Mai 1761 blieb. Gama teilte ihm mit, daß er im Mai die Beglaubigungsschreiben und entsprechenden Instruktionen für den Augsburger Kongreß von Francisco de Almada erhalten werde. (De Almada war von 1759 bis 1760 portugiesischer Botschafter im Vatikan gewesen und hatte Gama als Sekretär beschäftigt.) Bevor Casanova Turin verließ, gab Gama ihm noch einen Brief an Lord Stormont, der am 26. April 1761 seine Ernennung als britischer Vertreter beim Kongreß erhalten hatte und mit dem Casanova Verbindung aufnehmen sollte. Mit den nötigen Schreiben versehen, reiste er schließlich auf einem Umweg über Chambery, Lyon, Paris und München nach Augsburg.

In Paris machte er Station, um sich finanzielle Unterstützung von Mme. d'Urfé zu verschaffen. Er bat seine Wohltäterin um einen großzügigen Wechsel, sowie um Uhren und Schnupftabakdosen, die er in Augsburg als Geschenke verteilen wollte. Um ihre Freigebigkeit anzuspornen, versicherte er ihr, daß die Operation ihrer Wiedergeburt ins Werk gesetzt würde, sobald Querilinth, *einer der drei Großmeister der Rosenkreuzer,* aus dem Kerker der Inquisition in Lissabon befreit sei. Einer der Gründe für seine Augsburger Reise sei gerade, so erklärte er, deswegen mit Lord Stormont in Verhandlung zu treten. Zu seinem Unglück ließ er Costa, den er ein Jahr zuvor in Avignon als Sekretär engagiert hatte, in Paris zurück und befahl ihm, auf die Geschenke Mme. d'Urfés zu warten und sie ihm nach Augsburg nachzubringen. Kaum hatte Costa sie in seinem Besitz, als er das in ihn gesetzte Vertrauen betrog und mit seiner Beute durchbrannte. Casanova sollte ihn erst 1784 in Wien wiedersehen. Glücklicherweise hatte Mme. d'Urfé ihm einen Wechsel über 50 000 Francs direkt geschickt.

Casanova gibt an, daß er diesen Wechsel Stormont in München vorlegte. Tatsächlich finden wir in der «Augsburger Zeitung» vom 22. Juli 1761 eine Nachricht, die seinen Aufenthalt im Münchner Hotel Zum Goldenen Hirschen anzeigt. Er gibt weiter an, daß er dem französischen Botschafter de Folard einen Besuch abstattete. Auch dies wird durch eine Depesche Folards vom 12. August 1761 bestätigt, die Samaran in den Archiven des Quai d'Orsay gefunden hat. Während seines einmonatigen Aufenthalts in München erlitt er schwere Spielverluste und zog sich überdies noch eine Geschlechtskrankheit

Casanova. Gemälde von Pietro Longhi

von der Tänzerin Renaud zu. Sie ist später als Randfigur in die Geschichte eingegangen, als sie den Juwelier Charles Auguste Boehmer heiratete und so mittelbar in die Halsbandgeschichte um Kardinal Rohan verwickelt wurde, die 1785 den Sturz Marie Antoinettes und der französischen Monarchie herbeiführte. Im September erfuhr Casanova, mittlerweile in Augsburg, daß der Kongreß nicht stattfinden würde. Die Verhandlungen zwischen Friedrich dem Großen und England waren am 20. September 1761 abgebrochen worden; damit hatte sich auch das Ziel des Kongresses, einen allgemeinen europäischen Frieden zu schaffen, als illusorisch erwiesen.

Es sind zwar keine offiziellen Dokumente gefunden worden, die Casanovas Rolle beim Kongreß bestätigen, aber was er über die Vorbereitungen dazu schreibt, stimmt völlig mit dem überein, was wir darüber wissen. Es ist durchaus möglich, daß der portugiesische Botschafter de Almada befugt war, einen Bevollmächtigten zu entsenden und die Aufgabe Gama übertrug, der seinerseits in Casanova einen hochtalentierten Unterhändler erkannte. Es mag uns heute seltsam erscheinen, daß ein Italiener von einer fremden Regierung mit einer diplomatischen Mission betraut wurde, aber im 18. Jahrhundert gab es noch nicht jenes ausgeprägte Nationalitätsbewußtsein, das sich erst nach den Napoleonischen Kriegen als Fluch für Europa erweisen sollte. Nicht auf die Staatsangehörigkeit kam es damals an, sondern auf das religiöse Bekenntnis.

Nach Auflösung des Augsburger Kongresses und Wiederherstellung seiner Gesundheit kehrte Casanova nach Paris zurück, um die Wiedergeburt der Marquise in Angriff zu nehmen. Er verbrachte zu Beginn des Jahres 1762 drei Wochen mit den notwendigen okkulten Vorbereitungen, worauf *beschlossen ward, daß ich an einem mir von den Geistern offenbarten Ort die jungfräuliche Tochter eines Adepten aufsuchen und mit ihr durch ein nur den Rosenkreuzern bekanntes Mittel einen Sohn zeugen sollte. Mme. d'Urfé sollte das Kind gleich nach seiner Geburt bei sich aufnehmen ... Nach sieben Tagen würde sie sterben, ihre Lippen an die des Kindes gepreßt ... und sobald es drei Jahre alt wäre, würde Mme. d'Urfé nach und nach ihr Bewußtsein wiedererlangen.*

Die Operation sollte bei Vollmond im April, Mai oder Juni stattfinden. Als Helfershelfer hatte sich Casanova jene Marianne Corticelli ausgesucht, deren Bekanntschaft er in Metz gemacht hatte. Mme. d'Urfé erwartete das Paar in ihrem Familienschloß Pontcarré. Die Corticelli wurde ihr als letzter Nachkomme einer mit den d'Urfés verschwägerten Familie Lascaris vorgestellt, die angeblich in Konstantinopel regiert hatte. Als Casanova mit seinem Protegé am 5. April eintraf, empfing die Marquise sie mit höfischem Zeremoniell.

Die Operation wurde auf die Vollmondnacht des 8. April festgesetzt, und als die Zeit gekommen war, unterstützte Mme. d'Urfé allen Ernstes Casanovas Bemühungen, die Corticelli mit jenem Sohn zu schwängern, in dessen Leib später ihre Seele fahren sollte. Da er befürchtet hatte, daß die Marquise sich von der angeblichen Jungfräulichkeit der Corticelli überzeugen könnte, hatte er ihr klugerweise jede Untersuchung verboten, indem er darauf hinwies, daß durch solches Mißtrauen das Werk gefährdet würde. Nach Beendigung der Operation befragte er das Orakel, ob das Vorhaben geglückt sei, und war vorsichtig genug, seine Antwort negativ ausfallen zu lassen. Ein zweiter Versuch wurde bestimmt, der in Aachen stattfinden sollte.

Gaetano Costa

Die Fremdenliste in der «Cologne Gazette» meldet am 21. Mai 1762 die Ankunft «des Chevalier de Seingalt, Venezianer, mit Madam, seiner Gattin» im Corneille zu Aachen, einem vorwiegend von Ausländern besuchten Hotel des beliebten Kurbads. Bevor der zweite Versuch jedoch unternommen werden konnte, zeigte sich die Corticelli weniger fügsam, als Casanova erwartet hatte. Als er sich die Geschenke aneignete, die Mme. d'Urfé ihr gegeben hatte, drohte sie ihm, seine Machenschaften zu verraten. Geistesgegenwärtig wie immer, drehte Casanova sogleich den Spieß um und teilte der Marquise mit, daß die Corticelli von einem schwarzen Geist behext und verrückt geworden sei, so daß sie sich nach einer anderen Jungfrau umschauen müßten. Die leichtgläubige Mme. d'Urfé nahm ihm unbesehen seine Erklärung ab und lachte nur über die Anschuldigungen, die die Corticelli gegen ihn erhob.

Nachdem er das Orakel befragt hatte, empfahl er Mme. d'Urfé, bei der nächsten Phase an den Mond zu schreiben und ihn um seinen Schutz für den nächsten Versuch zu ihrer Wiedergeburt zu bitten. Als dieser am 22. Juni unternommen wurde, entkleidete sich Casanova mit Mme. d'Urfé. Kabbalistische Worte murmelnd, die sie wiederholte, empfing er ihren Brief an den Mond und verbrannte ihn feierlich. Zusammen stiegen sie in ein Bad, wobei Casanova einen präparierten Brief in der Hand verbarg, der auf grünem Glanzpapier in silbernen Lettern die angebliche Antwort vom Mond enthielt. Zehn Minuten später erschien die Botschaft auf der Wasseroberfläche: sie wurden aufgefordert, die Wiedergeburt auf den Frühling des folgenden Jahres zu verschieben und in Gegenwart Querilinths zu Marseille einen neuen Versuch zu unternehmen. Casanova gibt an, daß diese Zeremonie in Aachen eine Stunde nach Mitternacht stattfand. Wie relativ genau er in seinen Schätzungen war, ist daraus zu ersehen, daß astronomischen Berechnungen zufolge die erste Phase des Neumonds am 22. Juni 1762 genau um 1 Uhr 27 Minuten nach Mitternacht eintrat.

Nachdem sie Aachen verlassen hatten, reiste die kleine Gesellschaft nach Besançon, wo Mme. d'Urfé sich verabschiedete. Casanova fuhr mit der Corticelli und ihrer Mutter nach Genf weiter und schickte die beiden Frauen von dort nach Turin voraus, wo sie ihn erwarten sollten. Er selbst blieb in Genf. Er versuchte nicht, Voltaire wiederzusehen, aber erneuerte die Bekanntschaft mit einer der interessantesten Frauengestalten der *Memoiren*, der Nichte eines protestantischen Pfarrers, Hedwig. Nach subtilen theologischen Gesprächen mit ihr und ihrer Freundin Helene gab er ihnen Unterricht einer ganz anderen Art dadurch, daß er beide zu Frauen machte. Im September war er wieder in Turin, wurde jedoch im November aus ungenannten Gründen ausgewiesen. Casanova selbst gibt an, er habe bereits im Jahre 1761 diesen Ausweisungsbefehl erhalten, aber sein Gedächtnis trog ihn: Aus Dokumenten geht einwandfrei hervor, daß er Turin erst im November 1762 verlassen mußte, worauf er nach Genf und Chambery ging, bis die Intervention einflußreicher Freunde ihm Anfang Januar 1763 eine Rückkehr ermöglichte. Sein Leben in Turin stand unter dem Zeichen einer neuen Liebschaft, Agata, die er schließlich an einen Lord Percy abtrat. Casanova traf sie 1770 in Neapel als Gattin eines Anwalts wieder, mit dem er dann ebenso Freundschaft schloß wie mit seiner früheren Geliebten.

Im Februar 1763 verbrachte Casanova drei Karnevalswochen in Mailand, wo er sich am Glücksspiel beteiligte und eine Reihe von Bällen besuchte. Entgegen seiner sonstigen Gewohnheit wohnte er nicht im Hotel, sondern nahm die Gastfreundschaft des Conte Giuseppe Attendoli-Bolognini in Anspruch. Die spanische Gattin seines Wirts hatte ihr Auge auf ein prächtiges, mohnfarbenes, reich mit Zobel besetztes Kleid aus Tourainer Seide geworfen, das Mme. d'Urfé ihm für die Corticelli gegeben hatte. Als der offizielle Liebhaber der Gräfin es für tausend Zechinen kaufen wollte, bot Casanova es ihr für eine Liebesnacht an. Auf ihre Erwiderung, daß er sie nicht mehr liebe als sie ihn, antwortete er brutal, er wünsche nur deshalb mit ihr zu schlafen, um ihren unerträglichen Stolz zu demütigen. Dies ist einer der wenigen Fälle, wo das Feingefühl, das Casanova sonst in seinem Umgang mit Frauen bewies, von dem noch stärkeren Gefühl der Rachsucht übertroffen wurde. Er selbst gab mehr als einmal zu, daß Rachsucht einer seiner hervorstechendsten Charakterzüge sei — was durch diesen Vorfall auf schlagende Art bewiesen wird. Schließlich verkaufte er das Kleid an den Liebhaber der Gräfin und übergab das Geld ihrem Gatten, der es daraufhin bereitwillig unternahm, sie seinem Gast zuzuführen. Casanova demütigte sie bei dieser Gelegenheit noch mehr durch eine der zynischsten Bemerkungen, die wir in den *Memoiren* finden: es läge nicht an ihm, so sagte er ihr, wenn ihre Reize nicht die Macht hätten, seine Sinne zu erregen. Zu seiner Verteidigung läßt sich nur sagen, daß er sich selbst sein Betragen vorwarf. Der Zwischenfall erklärt vielleicht, warum so wenige Frauen an seinem Werk Gefallen finden. Mit charakteristischer Freimütigkeit erklärt er selbst, daß seine weiblichen Leser ihn zweifellos verabscheuen werden und er sie nicht dafür tadeln könne. Während er an den *Memoiren* arbeitete, schrieb er am 27. Juli 1792 an Opitz: *Ich bin ein verabscheuungswürdiges Geschöpf, aber ich bin nicht scharf darauf, daß es bekannt wird, und strebe nicht nach der Ehre, von der Nachwelt verachtet zu werden.* Daß selbst die Gräfin Attendoli-Bolognini ihn nicht verabscheute, geht aus einem freundlichen Brief hervor, den man unter seinen Papieren fand und den sie ihm ein paar Wochen nach seiner Abreise geschrieben hatte. Sie mag freilich über seine Offenheit außer sich gewesen sein; wenige Männer und noch weniger Frauen haben sich so vor aller Welt entblößt wie Casanova.

Ein anderer Vorfall wirft ein gutes Licht auf seine Erfindungsgabe. Er hatte zwei Freunden und drei Freundinnen von sich, die gerne einen Maskenball besuchen wollten, versprochen, für Kostüme zu sorgen, die mit Sicherheit ihr Inkognito wahren würden, und verfiel auf eine ebenso phantastische wie originelle Idee. Beim besten Trödler in Mailand kaufte er die teuersten Kleider, die zu haben waren, und zerstörte sie dann, indem er sie überall mit dem Stilett durchstach. Er befahl einem Schneider, sie wieder mit Stoffresten aus erstklassigem Material zu flicken und so Kostüme zu schaffen, deren Kostbarkeit gerade durch die Schadhaftigkeit ihres Zustands ins Auge fiel. Seine Bekannten waren von der originellen Idee hingerissen. Wie er erwartet hatte, bildeten sie bei ihrem Erscheinen auf dem Ball die Sensation des Abends und schmeichelten so seiner ungeheuren Eitelkeit.

Bevor er Mailand verließ, traf er seinen ehemalige Genossen am Spieltisch, den Venezianer Croce, in Gesellschaft eines Marseiller Mädchens aus guter Familie wieder, das er verführt hatte. Als Croce sich bald darauf aus dem Staube machte und sie – eine Mlle. Crosin – sich in ihrem Unglück an Casanova wandte, bot er ihr großzügig an, sie nach Marseille zu bringen, wo er mit Mme. d'Urfé verabredet war. Wir dürfen ihm glauben, wenn er behauptet, daß er nicht aus Liebe oder Verworfenheit so handelte, sondern aus einem *Gefühl der Menschlichkeit und Tugend*. Er fügt hinzu, er habe immer das Unglück geachtet. Das wird durch zahlreiche Beispiele belegt. Verfallen wir nicht der Inkonsequenz gewisser Kritiker, die ihm bereitwillig alles glauben, was zu seinen Ungunsten spricht, aber zu zweifeln beginnen, sobald er sich in ein vorteilhaftes Licht setzt. Wenn er sowohl niedrige als auch edle Eigenschaften in sich vereinigte, dann unterschied er sich in dieser Hinsicht nicht von den meisten Menschen.

Mit Mlle. Crosin fuhr er nach Genua und traf dort den um 1703 geborenen Dichter und Miniaturmaler Giacomo Passano, der bestimmt schien, einer der bösen Geister seines Lebens zu werden. Sie waren sich bereits 1760 in Livorno und 1762 in Turin begegnet. Ein Brief Joseph Bonos vom 3. Dezember 1762 deutet an, daß Casanova schon früh mit dem Gedanken gespielt hat, Passano als Sekretär anzustellen und ihn Mme. d'Urfé in Marseille als Querilinth vorzustellen. Unerwartet erhielt er in Genua den Besuch seines jüngsten Bruders, des Abbate Gaetano, der mit einem attraktiven Mädchen, Marcolina, davongelaufen war. Er faßte Zuneigung zu ihr und nahm sie ohne Umschweife seinem Bruder weg. Zusammen mit Mlle. Crosin, Passano, dem Abbate und Marcolina schiffte er sich auf einer Feluke nach Antibes ein. Das war damals die übliche Art, nach Frankreich zu reisen, da die Straßen sich in einem schändlichen Zustand befanden.

Als die See ungewöhnlich stürmisch wurde, liefen sie Menton an, das seinerzeit zu Monaco gehörte. Casanova gibt uns einen ausführlichen Bericht über seinen Besuch bei Prinz Honoré III. und der Prinzessin von Monaco, einer Tochter der Marquise de Brignole. Es kennzeichnet die Moralauffassung des 18. Jahrhunderts, daß die Mutter

«Der Riegel». Kupferstich nach einem Gemälde von Fragonard

die Geliebte des Prinzen war, bevor er die Tochter heiratete. Selbst ein so skrupelhafter Kommentator wie Gugitz hat bisher nie an der Richtigkeit des Casanova-Berichts gezweifelt. Ein ausgezeichneter junger französischer Gelehrter, Dr. Francis Mars, hat jedoch auf Grund kürzlich angestellter Untersuchungen der monegassischen Archive in «Casanova Gleanings» (II, 1959) beweisen können, daß der

Jeanne-Marie de Margalet d'Albert de St. Hippolyte, vermutlich die Mutter Henriettes

Anzeige der Heirat der vermutlichen Henriette

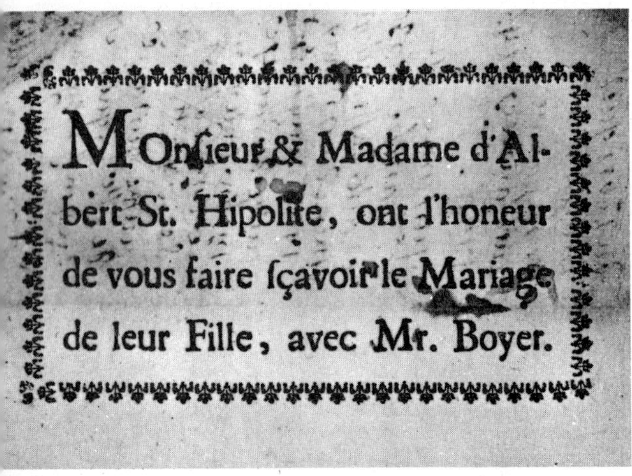

MOnſieur & Madame d'Albert St. Hipolite, ont l'honeur de vous faire ſçavoir le Mariage de leur Fille, avec Mr. Boyer.

Das Schloß zu Luynes, wo Casanova 1763 übernachtet haben will. Es gehörte damals Joseph-Constance de Margalet, dessen Kusine Jeanne Marie wahrscheinlich die Henriette Casanovas war.

Prinz und die Prinzessin am 9. April 1763, als Casanova Monaco besuchte, gar nicht in ihrem Fürstentum weilten. Hier haben wir ein weiteres Beispiel dafür, daß eine Episode in der szenischen Beschreibung völlig authentisch erscheint, während sie chronologisch ungenau ist. Wahrscheinlich traf Casanova das Prinzenpaar in Paris und hat, mit oder ohne Absicht, die Episode nach Monaco verlegt. Das von Casanova gezeichnete Porträt des Fürsten ist aber nach Dr. Mars' Ansicht äußerst treffend. Die sonstige Glaubwürdigkeit und Genauigkeit seiner Beobachtungen fallen überdies nirgends deutlicher ins Auge als wenige Seiten weiter, wo er den Kommandanten von Antibes als einarmig beschreibt. Mars durchforschte die Archive des französischen Kriegsministeriums und entdeckte, daß dieser Kommandant, ein Baron Prosper-Marie de Lesrat, seinen linken Arm 1744 verloren hatte! So könnten wir hundert ähnliche Beispiele anführen, um grundsätzlich die Glaubwürdigkeit der *Memoiren* zu beweisen.

In Marseille gelang es Casanova, Mlle. Crosin mit ihrer Familie zu versöhnen. Mme. d'Urfé, die ihn bereits erwartete, war begeistert über die Nachricht, daß er in Begleitung Querilinths (Passanos) gekommen sei. Marcolina hatte sich als wesentlich verständnisvoller und fügsamer als die Corticelli erwiesen und war ausersehen, deren Stelle bei der Wiedergeburt der Marquise einzunehmen. Doch als Casanova wieder – wie bei der Corticelli – über die Geschenke der Marquise selbst verfügte, erwies sich Passano als widerspenstig. Der falsche Querilinth wurde daraufhin nach Lyon geschickt, und Casanova, tatkräftig von Marcolina unterstützt, führte allein das Werk aus. Der Bericht über die Zeremonien dieses Versuchs ist wesentlich detaillierter als der von 1762. Aus der Beschreibung, die Casanova vom Mondaufgang gibt, können wir den Zeitpunkt der Operation genau bestimmen: sie fand am 26. April 1763 zwischen 15 Uhr und 15 Uhr 30 statt. Den Vorschriften des Orakels folgend, fuhr Mme. d'Urfé vor Casanova nach Lyon, wo sie zwei Flaschen mit Meerwasser in die Rhône und die Saône gießen sollte. Casanova verzögerte seine Abreise, um an der Hochzeit Mlle. Crosins mit einem Kaufmann teilzunehmen, den sie in Genua kennengelernt hatte. Sie wechselte von einem Mann zum anderen mit einer Leichtigkeit, die für das 18. Jahrhundert – in dem Mätressen dieselben Ehren genossen wie verheiratete Frauen – bezeichnend ist.

Die Kutsche, in der Casanova und Marcolina nach Lyon fuhren, verunglückte in der Nähe von Aix bei Croix d'Or. Dem Paar wurde Gastfreundschaft in einem nahegelegenen Schloß angeboten, das wahrscheinlich richtig von Samaran als das der Familie Margalet gehörende Château Luynes identifiziert wurde. Als sie am folgenden Tage in Avignon eintrafen, entdeckte ihm Marcolina, daß eine ihrer Gastgeberinnen, die während des Besuches ihr Gesicht zu verbergen wußte, ihr beim Abschied einen Brief mitgegeben hatte. Er war «An den ehrenhaftesten Mann, den ich kenne» adressiert und enthielt nur das eine Wort «Henriette». Casanova erinnerte sich, daß sie ihm 1749 im selben lakonischen Stil nach ihrem Abschied aus Pontarlier geschrieben hatte. Damals erhielt er nur eine Nachricht mit dem Wort «Adieu».

Wir sind den Wegen, die Samarans Forschungen eröffnet haben, nachgegangen, und alle Informationen deuten darauf hin, daß Henriette wahrscheinlich eine Jeanne-Marie d'Albert de St. Hippolyte war, die Tochter von Jeanne Marie de Margalet und Schwester des Schloßherrn von Luynes. Am 22. März 1718 in Aix geboren, wurde sie am 4. Februar 1744 mit Jean Baptiste Laurent Boyer de Fonscolombe, «avocat de la Cour», getraut, dem Sohn «des Edlen Honoré Boyer, Seigneur de Fonscolombe, Ecuyer, conseiller secrétaire du Roy, maison couronnée de France en la chancellerie de Provence». Als «ecuyer» oder Offizier entspricht Henriettes Schwiegervater der Beschreibung jenes «vieil officier», dem sie 1749 in Civitavecchia entfloh, als er sie vermutlich in ein Kloster bringen wollte. Wenn unsere Vermutungen richtig sind, war Henriette sieben Jahre älter als Casanova. Sie machte jedoch einen jüngeren Eindruck, wie aus ihrer Heiratsurkunde von 1744 hervorgeht, in der ihr Alter mit einundzwanzig angegeben ist, obwohl sie tatsächlich sechsundzwanzig war.

Es erscheint höchst bedeutsam, daß sie in ihrer Ehe nur zwei Kinder hatte, einen 1744 geborenen Sohn und eine 1746 geborene Tochter. Diese Tatsache läßt den vernünftigen Schluß zu, daß sie sich kurz nach 1746 mit ihrem Gatten überworfen hatte und ihren ehelichen Pflichten schon vor dem Zusammentreffen mit Casanova im Jahre 1749 nicht mehr nachkam. Obwohl ihr Gatte erst 1788 starb und sie also 1763 nicht im strengen Sinne des Wortes die Witwe war, als die Casanova sie beschreibt, mag sie sich als solche ausgegeben haben. Casanova gibt an, daß Henriette bei der Niederschrift der *Memoiren* (1790–1798) noch am Leben war, und wir wissen, daß Jeanne Marie Boyer de Fonscolombe tatsächlich erst am 8. Oktober 1795 starb. Wir wissen auch, daß zwei ihrer Brüder, Esprit und Joseph François Auguste Jule de St. Hippolyte, im Jahre 1763 Chevaliers de Malte waren – im selben Jahr, in dem Casanova die Anwesenheit eines «chevalier» im Schlosse bezeugt. Der Herr von Luynes selbst wäre 1763 ihr Vetter ersten Grades, ein anderer Chevalier de Malte, gewesen.

Unsere Vermutung, eine der faszinierendsten Gestalten der *Memoiren* richtig identifiziert zu haben, wird bestärkt durch die seltsame Zurückhaltung, mit der Henriette ihrem früheren Geliebten 1763 und noch einmal 1769 entgegentrat. Beide Male gab sie sich nicht zu erkennen. Natürlich scheute sie vor allem, eine begrabene Romanze wieder zu beleben. Aber sie hatte auch Gründe, die tiefer lagen: 1763 war sie fünfundvierzig Jahre alt, und alle weiblichen Instinkte in ihr mußten sich dagegen aufbäumen, Casanova die verheerenden Wirkungen des Alters zu enthüllen. Das erklärt auch, warum Casanova sie 1769, als sie einundfünfzig Jahre alt war, bei einer Gesellschaft in Aix nicht wiedererkannte. Wenn auch die Identifikation Henriettes mit Jeanne Marie Boyer de Fonscolombe nicht als unwiderlegbar gelten kann, so bietet sie doch die zur Zeit bestmögliche Hypothese.

Eine der ersten Personen, mit denen Casanova nach seiner Ankunft in Lyon am 15. Mai 1763 in Verbindung trat, war der prominente Seidenhändler und Bankier Joseph Bono. Sein Name und seine Tätigkeit sind im «Almanach général des marchands, négocians et commerçant de la France et de l'Europe» auf die Jahre 1772, 1779 und 1786 aufgeführt – die einzigen Jahrgänge, die uns greifbar waren. Obwohl wir keinen Beweis dafür erbringen können, ist es höchst wahrscheinlich, daß Casanova die Bekanntschaft Bonos bereits 1759

punissoit la catin profanant avec elle la plus essentielle de
toutes les actions de l'homme; et ensuite il s'en alloit sans la
payer riant de ses pleurs.

Malgré cela O-Neilan étoit noble, genereux, brave, et plein
d'honneur. Pourquoi, lui disois-je, ne payez vous pas ces pau=
vres malheureuses? — Parceque je voudrois les voir toutes mor=
tes de faim — Mais ce que vous leur faites doit les convaincre que
vous les aimez, et il est sûr qu'un bel homme comme vous ne peut
que leur faire plaisir — Plaisir? Je suis bien sûr que je ne leur en
fais pas. Voyez vous cette bague avec ce petit éperon? — Je le
vois. A quoi cela sert il? — A les faire caracoler, je leur met=
tant entre le ziste, et le zeste. Voyez vous que cela les chatouille?

Il entre un jour dans la ville à cheval à bride abattue.
Une vieille femme qui traversoit la rue n'a pas le tems de l'éviter,
elle tombe, et elle reste là avec la tête fendue: il passa aux arrets,
mais il en sortit le lendemain ayant prouvé que ce fut un mal=
heur amené par le hazard

Nous allons un matin faire une visite à une dame, et nous nous
tenons dans l'antichambre pour attendre qu'elle sorte du lit.
Il voit sur le clavessin dix à douze dattes, et il les mange. La
dame sort, et une minute après elle demande à sa femme de
chambre où étoient ses dattes; O-Neilan lui dit qu'il les avoit
mangés; elle en est fachée, elle le gronde. Il lui demande
si elle veut qu'il les lui rende, et elle lui dit qu'oui croyant
qu'il les avoit dans sa poche. Le vilain impertinent fait alors
un petit mouvement de la bouche, et dans l'instant il lui
vomit devant les dattes. Elle s'est sauvée, et le roué ne fit qu'
en rire. J'ai vu plusieurs autres en possession de ce talent
principalement en Angleterre.

L'officier au billet des six sequins n'étant pas venu la re=
tirer dans la huitaine, je lui ai dit le rencontrant dans la rue
que je ne me croyois plus obligé à lui garder le secret; il me repondit

während seiner Seidenmalereigeschäfte in Paris machte. Zwischen 1762 und 1769 wandte er sich jedesmal an Bono, wenn er in Verlegenheit war. Vierzehn Briefe Bonos an Casanova legen von der unerschütterlichen Loyalität des Kaufmanns Zeugnis ab, obwohl die vielen Schwächen Casanovas seine Geduld manchmal auf eine harte Probe stellten. Mit der üblichen geraden Offenheit, die ihre Korrespondenz auszeichnet, teilte Bono jetzt seinem Freunde mit – wie dieser freimütig in den *Memoiren* gesteht –, daß Passano, der ihm nach Lyon vorausgefahren war, «einige schreckliche Anschuldigungen gegen Sie erhoben hat... Er will alle Welt wissen lassen, daß Sie der größte Halunke sind, den es gibt, daß Sie Mme. d'Urfé mit Ihren gottlosen Lügen ruinieren, daß Sie ein Zauberer, Urkundenfälscher, ein Dieb, ein Spion, ein Beutelschneider, ein Verräter, ein Falschspieler, ein Verleumder, ein Wechsel- und Geldfälscher sind – mit einem Wort, der ruchloseste Mensch auf Erden.» Casanova drohte Passano gesetzliche Gegenmaßnahmen an, woraufhin dieser sich eingeschüchtert bereit erklärte, seine Klage für hundert Louis zurückzuziehen. Ohne sein Wissen, wie Casanova behauptet, zahlte Bono das Geld für ihn; Passano widerrief seine Anschuldigung und verschwand aus Lyon. Nach den Briefen Bonos an Casanova, die sich unter seinen Papieren befanden, betrug das Abstandsgeld 1000 Piemonteser Lire, also etwa fünfzig Louis, und wurde mit Wissen Casanovas an Passano gezahlt – allerdings erst im September 1763, wie aus einer Quittung hervorgeht, die Passano an Bono ausgestellt hatte. Passano bestätigt darin den Empfang des Geldes auf Rechnung Casanovas und erklärt, daß der Vertrag «durch einfachen guten Willen und Großzügigkeit» zustande gekommen sei. Die Briefe Bonos an Casanova nach London lassen erkennen, daß im Frühsommer 1763 der Gedanke erwogen wurde, Passano eine Zufluchtstätte in Venedig – eventuell durch Bragadino – zu verschaffen und ihn dadurch mundtot zu machen. Der Plan muß aufgegeben worden sein, nachdem es Passano gelungen war, die Marquise gegen Casanova einzunehmen. Bono teilt seinem Freund in einem Brief vom 7. Juli 1763 mit, er wisse genau, «daß die Marquise mit Ihnen unzufrieden ist». Auch ihre Verwandten waren unzufrieden mit ihm, als sie erkannten, in welchem Maße er Mme. d'Urfé ausgebeutet hatte.

Passano hatte gehofft, das Vertrauen der Marquise zu erringen und Casanovas Platz einzunehmen. Als er sich in seinen Erwartungen getäuscht sah, verließ er Lyon im September. Fünf Jahre später fiel in Barcelona sein Schatten abermals über Casanovas Lebensweg. Zweifellos spielte Bono auf Passano an, als er in seinem Schreiben vom

Zu Seite 102: Eine Seite aus den «Memoiren»

Madame Cornelis (Therèse Imer)

7. Juli bitter bemerkte: «Sie haben den Kniff heraus, diejenigen zu Ihren Feinden zu machen, mit denen Sie Freundschaft schlossen.»

Casanova sah Mme. d'Urfé im Juni 1763 in Paris zum letzten Mal, als er auf seinem Weg nach England war. Der Bruch zwischen ihnen, der sich ohne Zweifel bereits andeutete, muß kurz danach vollzogen worden sein. Ohne auf die näheren Umstände einzugehen, berichtet er uns, daß er im August 1763 in London einen Brief aus Paris erhielt, der ihm ihren Tod mitteilte. In Wahrheit starb sie erst am 13. November 1775. Der fragliche Brief setzte ihn wahrscheinlich nur davon in Kenntnis, daß sie ihm ihr Vertrauen entzogen hatte. So war sie für ihn hinfort tot.

Nicht nur der Bericht über sein Verhältnis zu Passano und Mme. d'Urfé enthält offensichtliche Ungenauigkeiten, sondern auch der über seine Reise nach Paris. Nach den *Memoiren* kam eine venezianische Gesandtschaft unter Leitung Querinis auf ihrer Rückreise aus London – wo sie Georg III. die Glückwünsche ihrer Regierung zu seiner Thronbesteigung überbracht hatte – zur gleichen Zeit durch Lyon, als sich auch Casanova dort aufhielt: im Mai 1763. Wir wissen jedoch, daß die Gesandten in den ersten Junitagen in Frankreich eintrafen und sich erst vom 11. bis 14. Juli in Lyon aufhielten. Dieser Anachronismus in Casanovas Erzählung läßt nur zwei mögliche Erklärungen zu: Entweder hat er im Mai in Lyon untergeordnete Mitglieder der Mission getroffen, die ihr vorausreisten, und hat diese Vorhut an die Stelle der eigentlichen Gesandtschaft gesetzt. Oder er hat Querini Anfang Juni in Paris getroffen und die Begegnung nach Lyon verlegt. Jedes Zusammentreffen mit Querini hätte nur zu dieser Zeit und an diesem Ort geschehen können, da Casanova erwiesenermaßen am 13. Juni aus Paris in London eintraf.

Viele Kommentatoren haben bezeugt, welche Bedeutung dem Bericht über seinen englischen Aufenthalt zukommt, der so glänzend die englischen Eigenarten erhellt und es um so erstaunlicher erscheinen läßt, daß Casanova nie diese Sprache beherrschte. Die ironische Beschreibung des Landes unmittelbar nach seiner Ankunft erinnert stark an gewisse Seiten der «History of England» von Taine, der bekanntlich in seiner Jugend ein eifriger Leser Casanovas war.

In London traf er eine seiner ältesten Bekanntschaften wieder, Thérèse Imer, deren Glück sich entschieden gewandelt hatte, seitdem er ihr das letzte Mal 1758 in Holland begegnet war, wo sie sich als verarmte Sängerin durchschlug. Unter dem Namen Mme. Cornelis war sie eine Frau von Welt geworden; sie veranstaltete riesige Festgesellschaften im Carlisle House, das ein Zeitgenosse als die «bei weitem großartigste öffentliche Vergnügungsstätte in ganz Europa» beschrieb. Vertreter der höchsten Aristokratie, sogar Mitglieder der königlichen Familie, zählten zu ihren Gönnern. Ihr Name taucht an auffallender Stelle in wichtigen Urkunden jener Zeit auf und ist durch einen Roman Smolletts unsterblich geworden. Mit Rücksicht auf ihre gesellschaftliche Stellung und vielleicht in der Befürchtung, von ihm kompromittiert zu werden, empfing sie Casanova mit einer Zurückhaltung, die er als ungebührlich empfand. Tief in seinem Stolz verletzt, legte er ihr gegenüber später dieselbe Gleichgültigkeit an den Tag und bewies ihr durch die Bekanntschaften, die er in kurzer Zeit schloß, daß er nicht auf sie angewiesen war.

Neben Lady Harrington, einer der tonangebenden Damen der Londoner Gesellschaft, und Augustus Hervey, den der Herausgeber

Lady Harrington

seines kürzlich veröffentlichten «Journals» treffend als «den englischen Casanova» bezeichnet hat, traf er noch am Tage seiner Ankunft einen der berühmtesten in London lebenden Italiener, Vincenzo Martinelli. Dieser hervorragende Schriftsteller stellte ihn später dem Direktor des Britischen Museums, Dr. Maty, vor. Und durch Maty wiederum machte er die Bekanntschaft Dr. Samuel Johnsons, mit dem er ein langes Gespräch führte. Es drehte sich um die Etymologie gewisser Wörter, über die diese *wandelnde Bibliothek*, wie Casanova ihn nannte, als Autor des kurz zuvor erschienenen «Dictionary» glänzend Bescheid wußte. Die Einzelheiten der interessanten Begegnung sind nicht in den *Memoiren* zu finden, sondern in Casanovas eigenem philologischen Werk, *A Leonard Snetlage.*

Casanova verrät uns nirgends den Zweck seiner Reise nach England, aber aus einem Brief Bonos vom 28. September 1763 erfahren wir, daß er in London eine ähnliche Lotterie einrichten wollte wie die, an der er von 1757 bis 1759 in Paris beteiligt gewesen war. Es gab bereits zwei solcher Lotterien in England. Casanova besaß einen Empfehlungsbrief an den Staatssekretär Lord Egremont und wollte sich zweifellos darum bemühen, wieder an einer davon beteiligt zu werden oder die Genehmigung zu erhalten, eine neue zu eröffnen. Als Egremont jedoch am 21. August 1763 starb, bevor er den Empfehlungsbrief vorweisen konnte, scheint er das Lotterieprojekt aufgegeben zu haben. Wenn ihm der Tod bei dieser Begegnung zuvorgekommen war, so machte er doch die Bekanntschaft des Königs Georg III. und der Königin, denen er anscheinend vom französischen

Geschäftsträger und persönlichen Vertreter Ludwigs XV., Chevalier d'Eon, vorgestellt wurde.

Durch Vermittlung Martinellis fand Casanova ein dreistöckiges möbliertes Haus in der Pall Mall. Er lebte ohne weiblichen Anhang in London, und um ein Bedürfnis zu befriedigen, das für ihn wesentlich war, verfiel er, wie er behauptet, auf die Idee, folgendes Plakat an einem seiner Fenster auszuhängen: «Zweites oder drittes Stockwerk, möbliert, an ein alleinstehendes und unabhängiges junges Fräulein, das Englisch und Französisch spricht und weder bei Tage noch bei Nacht Besuche empfängt, preiswert zu vermieten.» Nachdem er sich Dutzende von Bewerberinnen angesehen hatte, erhielt er einige Tage später den Besuch eines hübschen und gebildeten jungen portugiesischen Mädchens namens Pauline, die nach einer romantischen Flucht aus Lissabon sich vorübergehend in London aufhielt. Später erklärte sie, die Wohnungsanzeige im «Advertiser» gelesen zu haben.

Englische Historiker haben vergeblich die Anzeige gesucht, die nach Casanovas Behauptung in der englischen Presse stand. Da wir von der Richtigkeit seiner Behauptung überzeugt waren, ließen wir sämtliche Londoner Zeitungen um den 28. Juni durchforschen, die im Britischen Museum greifbar waren. Die Anzeige wurde tatsächlich im «Gazetteer and London Daily Advertiser» vom 5. Juli 1763 gefunden und lautet: «Eine kleine Familie, ein alleinstehender Herr oder Dame, mit und ohne Diener, können ab sofort ein bequemes und elegant möbliertes erstes Stockwerk mit allem Komfort und Annehmlichkeiten beziehen, auf Wunsch inklusive Beköstigung. Es ist vorteilhaft gelegen in der Pall Mall, steht ab sofort zur Verfügung und wird unter sehr günstigen Bedingungen mehr der Gesellschaft als des Gewinns wegen vermietet, da es sich nicht um eine gewöhnliche Pension handelt. Näheres bitte bei Mrs. Redaw, Putzmacherin, erfragen, genau gegenüber von Mr. Deards Spielwarengeschäft in der Pall Mall, nahe beim Hay Market, St. James.»

Beachten wir zunächst, um wieviel gröber und ungeschickter die Anzeige, die Casanova dreißig Jahre später aus dem Gedächtnis rekapitulierte, im Vergleich mit der vorliegenden erscheint. Er trifft Vereinbarungen mit einer Putzmacherin, Mrs. Redaw (vielleicht wie die meisten Modistinnen jener Zeit eine Französin), die in Frage kommenden Mieter zu empfangen. Familien und alleinstehende Herren sollte sie sicherlich abweisen, sie wurden nur als Köder in der Anzeige genannt, um Casanovas versteckte Absichten auf eine Geliebte zu tarnen. Zweifellos hatte Mrs. Redaw Anweisungen, nur junge, attraktive, französisch sprechende Bewerberinnen zu Casanova zu schicken. Während es kaum verständlich erscheint, daß ein junges

Mädchen mit der Bildung Paulines auf eine solche Anzeige wie die in den *Memoiren* geantwortet hätte, ist es völlig einleuchtend, daß sie sich von der taktvollen Annonce im «Advertiser» angesprochen fühlte – zumal sie Geld aus Portugal erwartete und in äußerst bedrängten Verhältnissen lebte. Alles rechtfertigt die Annahme, daß Casanova der Verfasser der zitierten Annonce war – das Datum, die Lage des Hauses und der Name der Zeitung.

Paulines Lebensgeschichte, soweit sie sie Casanova anvertraute, ist eine der romantischsten in den *Memoiren.* Unverbesserliche Skeptiker wie Gugitz und andere haben sie verächtlich als Erfindung abgetan. Ein portugiesischer Schriftsteller, Theophilo Braga, vertrat 1882 die Ansicht, daß das Geheimnis nur durch unveröffentlichte Familienarchive gelöst werden könnte. Die innere Folgerichtigkeit der Geschichte läßt sie jedoch im höchsten Grade als glaubwürdig erscheinen. Pauline kehrte im August 1763 nach Portugal zurück, wo sie ihren Liebhaber, Graf Al…, heiratete, von dem sie in London getrennt war. Es steht zu vermuten, daß «Al» die ersten beiden Buchstaben seines richtigen Namens darstellen. Casanova hielt einige Jahre lang einen Briefwechsel mit ihr aufrecht. Erst bei seiner Abreise aus Spanien im Jahre 1768, als er auf seine Briefe keine Antwort mehr erhielt, gab er den seit ihrer Abreise gehegten Plan auf, sie in Lissabon wiederzusehen.

Es folgte ein Abenteuer mit einem jungen Mädchen ganz anderer Art, Marianne Charpillon, deren Mutter und Großmutter nichts Besseres waren als Prostituierte und die selbst diese Bezeichnung verdiente. Casanova begegnete ihr Anfang September 1763. Sie dinierte am 10. bei ihm und er am 12. September bei ihr. Verdorben, wie sie war, spielte sie berechnend mit ihm Katze und Maus und erleichterte seine Börse um nicht weniger als 2000 Guineas, ohne ihm ihre Gunst zu schenken. Zum ersten Mal in seinem Leben wurde der große Liebhaber von einer billigen, kleinen Hure zum Narren gehalten. Seit dieser Zeit hatte für ihn sein Leben den Scheitelpunkt überschritten. Pierre Louys wurde durch die Geschichte inspiriert, «La Femme et le Pantin» zu schreiben; wer jedoch Casanovas Version liest, wird von ihr im allgemeinen wesentlich stärker bewegt. Die Charpillon hat ebenfalls gewisse Ähnlichkeit mit der Sara von Restif de la Bretonnes «Dernière Aventure d'un Homme de Quarante-cinq Ans». Sowohl Sara als auch die Charpillon waren Dirnen, zu deren Gunsten sich wenig sagen läßt. Wenn jedoch Restif fünfundvierzig Jahre alt war, so war Casanova erst achtunddreißig, und er mußte sein Elend um so tiefer empfinden, als er auf Erfolge zurückblicken konnte, die Restif niemals genossen hatte.

Der Bruch zwischen ihnen kam im November. Nachdem sie ihn

Sir John Fielding (im Hintergrund, Mitte), wie ihn Casanova beschrieben hat, mit einer Binde über den Augen. Zeitgenössischer Kupferstich

lange hingehalten und ihn unbarmherzig gequält hatte, fand er sie eines Tages in den Armen eines Barbiers. In seiner bis zum Äußersten getriebenen Leidenschaft war er dennoch bereit, ihr zu vergeben. Als er darüber nachdachte, bis zu welchem Maße er sich von ihr hatte blenden und lächerlich machen lassen, gelangte er aus dem Grunde seines Herzens zu der Überzeugung, *daß der Instinkt den Frauen größere Geheimnisse lehrt als alle Philosophie und Wissenschaft der Männer.* Als er in ihr Haus zurückkehrte, sagte man ihm, daß sie im Sterben läge. Er faßte den Entschluß, Selbstmord zu begehen, und wollte, die Taschen voll Blei, in die Themse springen, als einer seiner englischen Freunde, der ihn zufällig traf, ihn von seinem Vorhaben abbrachte. Nach einem orgiastischen Abend fuhren sie nach Ranelagh und entdeckten dort die Charpillon beim Menuett. Da ihm nun endlich die Binde von den Augen gefallen war, entschloß sich Casanova, eine Klage gegen die Mutter und die Tanten der Charpillon anzustrengen und das Geld, das sie ihm schuldeten, auf diesem Wege einzutreiben. Die *Memoiren* berichten, daß er – zwei Wochen nachdem er sie arretieren ließ – von einem Feste bei Mme. Cornelis in seine Wohnung zurückkehrte und auf Grund einer Klage der Charpillon selbst verhaftet wurde. Er wurde vor den Richter Sir John Fielding geführt, der ihn gegen eine Kaution von vierzig Guineas auf freien Fuß setzte, nachdem sein Schneider Pégu und sein Weinhändler Maisonneuve die Bürgschaft für ihn übernommen hatten.

Die Erzählung Casanovas ist kürzlich bestätigt worden. Nach den Akten des Gerichts von Clerkenwell der Grafschaft Middlesex erschien «James Casanova of Pall Mall, Gentleman» am 27. November 1763 auf Anschuldigung von Mary Ann Charpillon und Elizabeth Augbour [Augsburger] Charpillon vor Sir John Fielding. Ihm

Gerichtsdokument über Casanovas Streit mit der Charpillon

James Casanova of Pall Mall Gentleman
John Pagus of Church Street St. Anns Taylor
Lewis Chateauneu of Mary le Bone Lane [illegible] Merchant

Upon Condition that James Casanova
the said County, at Hick's-Hall in St. John's-Street, *then and there to Answer what* [illegible]
Lord the King and all his subjects, and especially towards Elizabeth Augbour [illegible]

And do not depart the Court without Leave. Then this Recognizance to be void, else to
Taken and Acknowledged

wurde auferlegt, «bei der nächsten Hauptsitzung zu erscheinen, die zur Wahrung des Landfriedens von der Grafschaft in der Hicks-Hall in St. John's Street abgehalten wird, und dort Rede und Antwort zu stehen, auf das, was man gegen ihn vorbringt, desgleichen in der Zwischenzeit das Gesetz nicht zu brechen ... insbesondere nicht gegen Mary Ann Charpillon und Elizabeth Augbour Charpillon». Die Akten zeigen, daß seine beiden Bürgen der Schneider John Pagus [Pégu], wohnhaft Church Street, St. Anne, Soho, und der Weinhändler Lewis Chateauneau, wohnhaft Marylebone Lane, waren. Casanovas Kaution wurde auf hundert Pfund festgesetzt und die seiner beiden Bürgen auf je fünfzig Pfund. Es wurde ihm anbefohlen, am 5. Dezember 1763 wieder in der Hicks-Hall zu erscheinen; später wurde der Termin auf den April 1764 verschoben. Zu der Zeit hatte er aber England bereits verlassen, so daß er niemals verhört oder verurteilt wurde.

Einige Zeit später stellte ihm ein anderer Abenteurer und Schriftsteller, Ange Goudar, fünf Hannoveranische Schwestern vor, die mit ihrer Mutter nach London gekommen waren, um eine Entschädigung für die Zerstörung ihres Besitzes durch die britische Armee zu erhalten. Die Mutter war gänzlich ohne Mittel und sollte ins Schuldgefängnis geworfen werden, flehte jedoch Casanova um Hilfe an. Durch die Erfahrungen mit der Charpillon verbittert, zeigte er in seiner Antwort an die Mutter eine Gefühllosigkeit, die wir sonst nicht an ihm kennen:

‹Ich bin nun einmal ein ausgemachter Schürzenjäger ... Ich habe Ihren Töchtern gesagt, wie ich über diese Sache denke, und so sollten Sie auch darüber denken, wenn Sie vernünftig wären. Ich bin kein Bewunderer von Mädchen, die ihre Tugend zur Schau stellen und ich

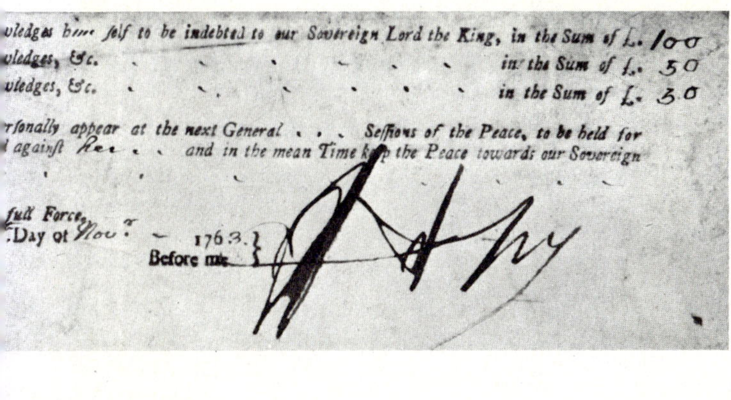
wledges him self to be indebted to our Sovereign Lord the King, in the Sum of L. 100
wledges, &c. . . . . . . in the Sum of L. 50
wledges, &c. . . . . . . in the Sum of L. 30
rsonally appear at the next General . . . Sessions of the Peace, to be held for
against Her . . and in the mean Time keep the Peace towards our Sovereign
full Force,
Day of Nov? — 1763.
Before me

werde nie ihr Freund sein. Wenn sie [die Töchter] *ihre Tugend bewahren wollen, dann sollen sie's. Niemand wird sie belästigen, aber sie ihrerseits dürfen auch die Männer nicht in Versuchung führen . . .›*

‹Hören Sie, Monsieur, mein Mann war der Graf Soundso. Sie [meine Töchter] *haben also auch auf Grund ihrer Herkunft Anspruch darauf, respektiert zu werden.›*

‹Gut. Wie kann ich meinen Respekt besser ausdrücken, als indem ich Ihnen von nun an aus dem Wege gehe?›

‹Erweckt unsere Lage denn kein Mitleid in Ihnen?›

‹Ich habe großes Mitleid mit Ihnen, aber ich wehre mich gegen dieses Mitleid, weil Ihre Töchter hübsch sind.›

‹Was für eine Begründung!›

Casanovas besseres Ich wurde jedoch schließlich von den Bitten der Mutter bewegt. *‹Wir müssen heute trocken Brot essen.›*

‹Wenn es weiter nichts ist, werde ich eben mit ihnen dinieren und für alle bezahlen.›

‹Sie sind ein Sonderling. Meine Töchter sind niedergeschlagen, weil ich ins Gefängnis soll. Sie werden ihre Gesellschaft langweilig finden. Geben Sie Ihnen lieber das Geld, das Sie für das Diner aufgewendet hätten.›

‹Nein, Madame. Ich möchte für mein Geld mit Auge und Ohr genießen. Ich werde Ihre Verhaftung bis morgen aufschieben lassen, und vielleicht hat sich bis dahin die Vorsehung Ihrer angenommen.›

Als die Mutter am nächsten Tag arretiert werden sollte, überwand sie ihre Skrupel, zog mit den fünf Mädchen in Casanovas Haus und übersah die Liebesaffären, die er nacheinander mit jeder von ihnen hatte. Bei ihrer Abreise nach Hannover trennten sie sich im besten Einvernehmen, und sie konnte sich bei ihm für hundertundfünfzig Guineas bedanken, die er ihren Töchtern zugesteckt hatte.

Er befand sich in einer hoffnungslosen finanziellen Lage, nachdem er 12 000 Pfund *wie ein Narr oder ein Weiser, vielleicht ein bißchen von beidem* durchgebracht hatte. Um sein Unglück voll zu machen, gewann er einem Baron Stenau im Spiel 520 Guineas ab, über die er einen Wechsel erhielt. Casanova löste ihn arglos bei einem Bankier ein, der ihn erst später als Fälschung erkannte und nun Casanova vor die Wahl stellte, ihm entweder das Geld zurückzuzahlen oder der Möglichkeit ins Auge zu sehen, für ein Vergehen, das in England als Kapitalverbrechen galt, gehängt zu werden. Stenau war in der Zwischenzeit geflohen, und Casanova, der sich überdies noch eine Geschlechtskrankheit zugezogen hatte, sah keinen anderen Ausweg als ebenfalls zu fliehen.

Er verließ London am 13. März 1764 und überquerte mehr tot als lebendig den Kanal. In Brüssel machte er Rast, um eine Geldsendung Bragadinos abzuwarten, und blieb dann fünf Wochen in ärztlicher Behandlung in Wesel, bis er seine Gesundheit wiedererlangt hatte. Auf der Reise nach Berlin hielt er sich eine Woche zu Studien in der Bibliothek des Herzogs von Braunschweig in Wolfenbüttel auf, die besonders reich an alten Manuskripten war. Über diesen Aufenthalt schreibt er: *Ich habe in köstlichem Frieden gelebt und weder an eine Vergangenheit noch an die Zukunft gedacht, da die Arbeit mich daran hinderte, etwas anderes als die Gegenwart wahrzunehmen. Heute erkenne ich, daß es nur des Zusammentreffens ganz unbedeutender Umstände bedurft hätte, damit ich in dieser Welt ein wahrer Weiser geworden wäre, denn die Tugend hat für mich immer viel mehr Reiz gehabt als das Laster. Wenn ich schlecht war, so war ich es aus bloßem Lebensüberschwang.* Diese Bemerkungen stammen von einem Menschen, der an den niedrigsten Ausschweifungen Gefallen fand, sowohl in Gesellschaft von Prostituierten, Falschspielern und Spitzbuben als auch in der von Männern und Frauen der höchsten geistigen Bildung und Verfeinerung.

In Berlin traf er einen alten Bekannten wieder, den Lord Marschall George Keith, einen schottischen Emigranten, dem er zuerst 1745 in Konstantinopel begegnet war und später 1751–1752 in Paris, als Keith dort preußischer Botschafter war. Der Lord Marschall, der im hohen Maße das Vertrauen Friedrichs des Großen genoß, legte Casanova nahe, um eine Audienz beim König nachzusuchen. Wir besitzen nicht allein das Zeugnis Casanovas über die Rolle, die Keith in solchen Angelegenheiten spielte; fünf Jahre später stellte der Lord Marschall auch einen gewissen Dutens dem Monarchen vor.

Die erste Audienz wurde Casanova um den 7. Juli herum im Park von Sanssouci gewährt. Wir können dieses Datum annähernd genau bestimmen, da Casanova Einzelheiten über das Hofleben angibt, die sich an Hand zeitgenössischer Dokumente kontrollieren lassen. Er berichtet, daß die Herzogin von Braunschweig zu dieser Zeit ihren Bruder besuchte und Friedrich von Sanssouci nach Berlin fuhr, um sie dort zu empfangen. Anläßlich des Besuchs wurde eine italienische Oper im Charlottenburger Theater aufgeführt. Casanova half bei der Inszenierung mit und traf bei dieser Gelegenheit eine alte Flamme wieder, die gefeierte venezianische Tänzerin Denis, ein Patenkind seiner Mutter. Wir wissen, daß die Herzogin am 9. Juli eintraf. Die ihr zu Ehren aufgeführte Oper hieß «I portentosi effeti della natura». Am 19. Juli trat Mme. Denis als erste Hoftänzerin darin auf. Friedrich ließ ein Porträt der Ballerina malen, welches wahrscheinlich jetzt noch in Sanssouci hängt.

Während der König sich mit seinen Gästen in Berlin aufhielt, führte Mme. Denis ihren Jugendfreund nach Potsdam, wo er am 23. Juli die königlichen Gemächer in Sanssouci besichtigte. Auf dem Arbeitstisch des Monarchen entdeckte Casanova halb verbrannte Papiere, die, wie ein Kammerdiener ihm sagte, durch einen Unfall Feuer gefangen hatten und die «Geschichte des Siebenjährigen Krieges» enthielten. Casanovas Bericht ist vollkommen richtig. Man weiß, daß tatsächlich ein Teil des Manuskripts durch die Unachtsamkeit eines Lakaien im November 1763 verkohlte. Während einer kurzen Abwesenheit des Königs entzündete eine tropfende Kerze die Blätter, von denen er bei seiner Rückkehr nur noch einige retten konnte. Casanova hörte, der König sei so wütend gewesen, daß er das Werk nicht fortsetzen wollte. Er muß seinen Entschluß freilich wieder umgestoßen haben, da die «Geschichte des Siebenjährigen Krieges» im Jahre 1788, nach dem Tode des Monarchen, mit einigen Änderungen von der Hand des Grafen Hertzberg schließlich erschien.

Durch Keith erfuhr Casanova, daß der König ihm eine mit 600 Talern dotierte Stelle als Erzieher an einer neu geschaffenen Kadettenschule für pommersche Junker geben wollte. Casanova fühlte sich keineswegs durch das Angebot geschmeichelt und lehnte es ab, als er sich von der erbärmlichen Stellung der Erzieher überzeugte und die elenden Quartiere sah, in denen sie hausten. Anfang September besuchte er abermals Potsdam mit einem venezianischen Freund, Baron Bodisson, der dem König ein Gemälde Andrea del Sartos verkaufen wollte, und besichtigte eine Militärparade, die Friedrich abnahm. Als der König ihn bemerkte, trat er auf ihn zu und fragte ihn, wann er nach Petersburg abzureisen gedenke und ob er Empfehlungen an Kaiserin Katharina besitze. Casanova erwiderte, seine Abreise stehe kurz bevor und an Empfehlungen besitze er nur eine an seinen Bankier. Der König antwortete, eine solche sei auch mehr wert, und gab der Hoffnung Ausdruck, ihn bei seiner Rückkehr nach Berlin wiederzusehen und Nachrichten aus Rußland von ihm zu erhalten.

Es kann nicht bezweifelt werden, daß Casanova zweimal mit Friedrich dem Großen sprach und daß die Gespräche im wesentlichen – von einigen Einzelheiten abgesehen – so verliefen, wie er es uns berichtet. Ein hinterlassenes Memorandum Casanovas ergänzt den Bericht der *Memoiren* und weicht in einigen Details leicht von ihm ab. Es heißt dort:

Als er, der verstorbene König von Preußen, mich fragte, wer nach meiner Meinung der größte Römer sei, antwortete ich, es sei Atilius

Regulus. Seine Majestät sagte, für ihn wäre es Sulla. Ich fand darin nichts Ungewöhnliches oder Unbesonnenes; der König sagte ja nicht, Sulla ist der größte Römer, sondern er sei es nach seiner Meinung. Meinungen gelten zu lassen, ist eine Sache des guten Geschmacks. Man muß jedem recht geben.

Friedrich der Große.
Zeichnung von Chodowiecki

Der verstorbene König von Preußen war nicht nur ein großer König, sondern auch ein großer Soldat, ein Mann von Geist und ein bedeutender Schriftsteller, aber ich habe nicht bemerkt, daß er sich für klüger hielt als andere Leute ... Er hielt sich für genügend informiert und weitblickend, um in einem bestimmten Ton zu sprechen; aber er verstand es zuzuhören, und seine Art nachzugeben, bestand darin, daß er das Thema wechselte, indem er seinen Gesprächspartner mit einer Frage überraschte, die völlig aus dem Blauen kam. Deswegen habe ich ihn in meinen Memoiren und in meiner Confutazione einen unerschrockenen Fragesteller genannt. Als er mir bei unserem Spaziergang durch den Park von Sanssoucci sagte, er zöge Sulla dem Atilius vor, wich er allem, was ich ihm hätte entgegnen können, durch die Frage aus, wieviele Linienschiffe die Republik Venedig im Kriegsfall zu Wasser lassen könne. Ich sagte ihm wahrheitsgemäß alles, was ich wußte, und der König erwiderte mir, ich sei im Irrtum. Aber als er merkte, daß ich ins Detail gehen wollte, fragte er mich, was ich allgemein über Steuern dächte. Ich war dabei, ihm meine Meinung darzulegen, aber da sie ihm nicht behagte, lenkte er das Gespräch auf einen Säulengang zu seiner Rechten und auf die Zierbrunnen von Versailles, um mir sodann mitzuteilen, daß sein schöner Park weder aus der Spree noch aus der Oder gespeist werden

Auffahrt Friedrichs des Großen mit seinem Bruder, dem Prinzen Heinrich, bei der Parade im Berliner Lustgarten. Kupferstich von J. M. Probst

könnte. Sobald er jedoch sah, daß ich das Thema der hydraulischen Architektur anschneiden wollte, unterbrach er mich und verabschiedete mich mit dem Befehl, Marschall Keith aufzusuchen.

Ich ging fort und beglückwünschte mich, daß ich wohl einen Eindruck von ihm gewonnen hatte, er aber nicht von mir. In dieser Hinsicht hielt ich mich für gewandter als er. Ich war jedoch mit mir unzufrieden, daß ich nicht erraten hatte, daß Sulla sein bevorzugter Held war, besonders da ich die Oper «Triumph des Sulla» gehört hatte, die von ihm stammt. Auch hätte ich daran denken sollen, daß Sulla sich selbst zum Herrscher seines Landes aufgeschwungen und es kraft eigenen Willens befreit hatte – eine Tat, die der große Friedrich zweifellos bewundern mußte, da auch er sich wie Sulla als einzigartig unter allen Monarchen empfand und ihm nachzueifern bestrebt war, gerade weil er wußte, daß er ihn nie erreichen würde. Der Rücktritt Sullas wird immer ein echter Triumph bleiben, der größte, den ein Mensch erreichen kann, da er über sich selbst triumphierte. Ein Weiser braucht nicht das, was er bewundert, selbst zu verwirklichen, aber er braucht auch seine Gedanken nicht jedermann mitzuteilen.

Casanova verließ Berlin Mitte September 1764 und brach mit Empfehlungsbriefen an den Großkanzler Keyserling und seine Schwester, die Herzogin von Kurland, nach Mitau auf. Bei seiner Ankunft hatte er nur noch drei Dukaten in der Tasche. Als Frau von

Keyserling ihn zu einer Schokolade einlud, folgte er einer jener kapriziösen Launen, denen er nach seinem Geständnis nie widerstehen konnte, und schenkte der schönen Polin, die ihn bediente, diese letzte Barschaft. Kaum war er in sein Gasthaus zurückgekehrt, als ein Jude sich melden ließ und ihm anbot, sein preußisches Geld umzuwechseln. Casanova erwiderte, er besitze nur Dukaten und könne daher von seinen Diensten keinen Gebrauch machen. Der Jude erklärte sich jedoch sofort bereit, ihm auch Bargeld gegen einen Wechsel auf ein Petersburger Bankhaus vorzuschießen. Casanova erschien das vertrauensvolle Angebot unbegreiflich, bis er erfuhr, daß die Neuigkeit von dem großzügigen Trinkgeld, das er dem Dienstmädchen gegeben hatte, durch die ganze Stadt gelaufen war und ihm als Mann von großem Reichtum Kredit eröffnet hatte.

Er reiste weiter nach Riga, wo er bis zum 15. Dezember blieb, herzlich aufgenommen von Karl Ernst von Biron, dem Prinzen von Kurland, einem Lebemann von Casanovas eigener Art. In Petersburg blieb er dann etwas über neun Monate und traf viele Berühmtheiten. Er verließ die Stadt während dieser Zeit nur zu einem Abstecher nach Moskau. Die Bekanntschaften, die er in Rußland schloß, gehörten wie immer den niedrigsten und den höchsten Ständen an. Unter den letzteren erscheinen die Prinzessin Daschkoff und Nikita Panin, ein Freimaurer wie Casanova und einer der führenden Staatsmänner, besonders bemerkenswert. Einem Gerücht zufolge, das Casanova mit seiner üblichen Findigkeit bald in Erfahrung zu bringen wußte, war

Stanislaus August Poniatowski, König von Polen

Prinzessin Daschkoff

Panin nicht der Liebhaber, sondern der Vater der Prinzessin. Daran mochte etwas Wahres sein; noch heute streiten sich die Historiker darüber, ob er nicht beides war.

Das Bild, das Casanova von dem russischen Leben und der Welt des Adels zeichnet, in der er verkehrte, ist ebenso erhellend wie das der anderen Länder, die er besuchte. Die Glanzlichter darin bilden seine drei Gespräche mit Katharina der Großen, die durch Vermittlung Panins zustandekamen. Eines der Kardinalthemen ihrer Unterhaltung waren die Vorzüge des Gregorianischen gegenüber denen des Julianischen Kalenders, und umgekehrt. Mit dieser Frage hatte er sich lange beschäftigt. Die Kaiserin zeigte sich jedoch so vertraut mit der Materie, daß er den Verdacht schöpfte, sie habe sich in der Zwischenzeit darüber referieren lassen. Fürst de Ligne, der die Herrscherin sehr genau kannte, meinte mit Bezug auf Casanovas Urteil über sie, er habe «nie einen tiefgründigeren und blendenderen Geist gesehen».

In Rußland scheint Casanova sich auf eine einzige Geliebte beschränkt zu haben, Zaïra, die er mit Hilfe Stepan Stepanowitsch Zinovievs ihrer bäuerlichen Familie für hundert Rubel abkaufte. Seine Begabung, dauerhafte Freundschaften mit Männern von Distinktion zu schließen, zeigt sich besonders im Falle Zinovievs, des nachmaligen russischen Botschafters in Spanien, der zehn Jahre später Casanovas *Iliade* subskribierte. Casanova lehrte Zaïra Italienisch, und als er Rußland verließ, übergab er sie – wie immer Anteil nehmend am Schicksal der Frauen, die ihn liebten – der Fürsorge eines anderen Italieners.

Er reiste im September aus Petersburg ab und traf am 10. Oktober 1765 in Warschau ein. Mit nützlichen Empfehlungsbriefen versehen – darunter einem vom britischen Botschafter in Petersburg, Sir George Macartney, an den Prinzen Adam Czartoryski –, wurde er huldvoll von den führenden polnischen Familien und dem König, Stanislaus Poniatowski, aufgenommen. Wenn er sich nicht die Feindschaft eines mächtigen polnischen Adligen zugezogen hätte, wäre ihm wahrscheinlich eine Anstellung bei Hof und damit die Sicherheit beschieden gewesen, nach der er angesichts seines untergehenden Glückssterns strebte. Seine Hoffnungen wurden nicht erfüllt. Fünf Monate nach seiner Ankunft, am 4. März 1766, wurde er bei einem Diner vom König aufgefordert, ihn ins Theater zu begleiten. Unglücklicherweise hatten zwei rivalisierende italienische Tänzerinnen, seine alte Freundin Anna Binetti und eine Teresa Casacci, die polnische Gesellschaft in zwei feindliche Hälften geteilt. Da Casanovas intimere Freunde sich im Lager der Casacci befanden, hatte er aus Loyalität ihnen gegenüber dieselbe Partei ergriffen. Darüber pikiert, stiftete die Binetti ihren Liebhaber, den Grafen Xaver Branicki, an, ihren alten Freund öffentlich zu brüskieren. Während der Pause hielt sich Casanova für einen Augenblick in der Loge der Binetti auf, um sie zu begrüßen, und fand sie in Gesellschaft Branickis. Als er darauf in die Loge der Casacci ging, kam Branicki ihm nach, um ihm im scharfen Ton zu sagen, daß er verliebt sei und keine Nebenbuhler dulde. Casanova antwortete besonnen, daß er seine Rechte mit Vergnügen vor denen eines solchen Ehrenmannes räumen werde. Entschlossen, einen Streit vom Zaun zu brechen, erwiderte Branicki, ein Mann, der seine Stellung nicht verteidige, sei ein Feigling. – *‹Der Ausdruck ist ziemlich stark›*, bemerkte Casanova, die Hand am Degen, und verließ die Loge. *‹Venezianische Memme!›* rief der der Graf ihm nach. Casanova drehte sich um und entgegnete kaltblütig, daß eine venezianische Memme sehr wohl imstande sei, einen tapferen Polen zu töten.

Casanova war alles andere als ein Feigling, wie er mehr als einmal bewiesen hat. Obwohl er nie Streit suchte, stand er doch seinen Mann in verschiedenen Duellen, zu denen er gezwungen wurde. Er verrät uns nicht, wo er seine Fechtkunst erworben hat. Vielleicht war es in Padua während seiner Studentenzeit. Sein erstes Duell führte er 1749 mit Conte Celi, den er in die Flucht schlug. Bei der Schilderung anderer Duelle spricht er von *une botte droite*, einem richtig geführten Stoß, der regelmäßig seine Gegner besiegt habe. Als er jedoch am nächsten Tag von Branicki Genugtuung forderte, mußte er sich gegen seinen Willen auf Pistolen einigen. Da der Graf ein ausgezeichneter Schütze war, hätte Casanova höchst wahrscheinlich den Tod gefunden, wenn er nicht unmittelbar vor dem Kugelwechsel seinen Gegner mit großer Geistesgegenwart dadurch nervös gemacht hätte, daß er seine Absicht kund tat, ihm die Kugel durch den Kopf zu jagen. Branicki versuchte, sich zu decken, und konnte Casanova nur leicht am linken Arm verwunden, während ihm selbst die Eingeweide durchbohrt wurden. Den Freunden des Grafen danach auf Gnade oder Ungnade ausgeliefert, entging Casanova nur dadurch dem Tod, daß er in ein Kloster floh.

Obwohl Branicki ihm später alle Ehre angedeihen ließ und Casanova nach seiner Genesung mit dem gleichen Wohlwollen wie vorher von der Gesellschaft aufgenommen wurde, bildete das Duell doch einen Wendepunkt seines Warschauer Lebens. Nach einer kurzen Reise in die Provinzen erhielt er im Juni einen Wink vom König, daß seine Anwesenheit nicht länger erwünscht sei. Mme. Geoffrin, eine Vertraute des Monarchen, war am 6. Juni aus Frankreich zurückgekehrt und hatte Poniatowski Gerüchte über Casanova hinterbracht, die in Paris über ihn umliefen und sich vielleicht unter anderem auf seine Machenschaften mit Mme. d'Urfé bezogen. Er schied jedoch nicht nur von Branicki, sondern auch von anderen Polen, wie etwa der Prinzessin Lubomirska, in gutem Einvernehmen, wie durch die erhalten gebliebene Korrespondenz und die Widmung seines *Nè Amori, Nè Donne* (1782) an Branicki belegt wird. Das Duell blieb immer für ihn eine der großen Ruhmestaten seines Lebens. Als er 1780 einen Bericht darüber veröffentlichte, deutete er zum ersten Mal an, daß er vielleicht die ganze Geschichte seines Lebens veröffentlichen werde.

Kaiserin Katharina II. von Rußland. Gemälde von J. B. Lampi

Auf Irrwegen nach Triest

Von Juli bis Ende Dezember fand er für einige Zeit etwas Frieden in Dresden, wo seine Mutter lebte. Bei einem Besuch in Leipzig wurde er von einer Mme. Blasin, deren Bekanntschaft er bei Lord Pembroke in England gemacht hatte und die sich jetzt im Elend befand, um Hilfe angefleht. Da er den Bitten hübscher Frauen niemals widerstehen konnte, nahm er sie mit sich nach Prag und Wien und gab ihr Geld, damit sie zu ihrem Mann, einem Apotheker in Montpellier, zurückkehren konnte. In Wien hatte er Unannehmlichkeiten mit

Wien im Jahre 1744. Nach einem Kupferstich von Marianne Moll

Antonio Pocchini, einem Spieler und Abenteurer, dem er zuerst 1745 und dann in Amsterdam, Stuttgart und London begegnet war. Pocchinis neunjährige Tochter fesselte ihn durch eine frühreife erotische Konversation in lateinischer Sprache, die augenscheinlich von entsprechenden Handlungen gewürzt wurde, und lockte ihn in das Quartier ihres Vaters, wo er überfallen und seiner Börse beraubt wurde. Bevor er von seinem Unglück Meldung erstatten konnte, wurde er vor den Statthalter, Graf Schrattenbach, befohlen, der ihm eine nur noch halb gefüllte Brieftasche und ein Spiel Karten zeigte, die Casanova beide als sein Eigentum anerkannte. Daraufhin beschuldigte ihn Schrattenbach, das Gesetz gegen Glücksspiele gebrochen zu haben, und befahl ihm, Wien zu verlassen. Als Casanova protestierend darauf hinwies, daß er ja der geschädigte Teil sei, und eine Denkschrift überreichte, in der die Ereignisse des vorigen Abends wahrheitsgemäß aufgeführt waren, erklärte Schrattenbach alles für ein Lügengewebe. *Es sei bekannt, wer ich sei und warum ich aus Warschau ausgewiesen wurde.* Daß Maria Theresia sich selbst für die Sache interessierte, wird durch einen Brief Schrattenbachs an den Gouverneur vom 26. Januar 1767 belegt, den Gugitz in Linz gefunden hat. Schrattenbach bestätigt darin den Empfang eines persönlichen Handschreibens der Kaiserin, in der sie die Ausweisung Casanovas befahl. Die Order sei dem Delinquenten am 23. übermittelt worden

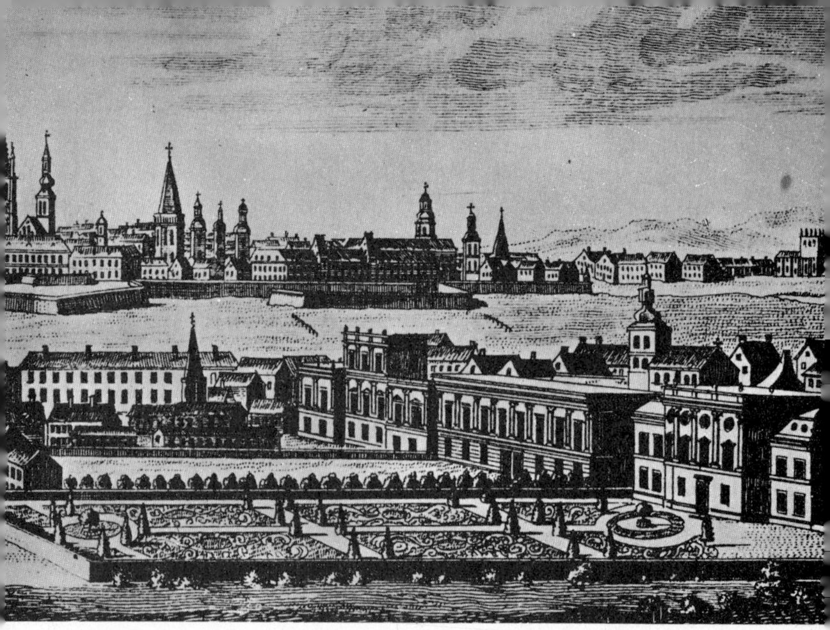

und trage ihm auf, die Stadt am 27. Januar zu verlassen. Durch einen Appell an den mächtigen Fürsten Kaunitz erwirkte Casanova einen dreitägigen Aufschub. Der Fürst sollte später der Gönner Francesco Casanovas werden, und es ist nachgewiesen, daß er 1789 einen freundlichen Brief an Giacomo schrieb.

In vielen Städten, in denen Casanova sich aufhielt, hatte er Schwierigkeiten mit den Behörden: 1745 in Rom, 1759 in Paris, 1760 in Köln, Stuttgart und Florenz, 1762 in Turin, 1766 in Warschau, 1767 in Wien und Paris, 1768 in Barcelona und 1771 in Florenz. Es gehört zu den Seltsamkeiten seines Lebens, daß dadurch die Freundschaft und die Wertschätzung hochgestellter Persönlichkeiten ihm gegenüber keineswegs berührt wurde, wie aus den Briefen ersichtlich ist, die sie an ihn schrieben. Durch die vielen übel beleumdeten Bekanntschaften, die er gleichfalls schloß, war es vielleicht unvermeidlich, daß er dauernd mit der Polizei in Konflikt geriet. Da er jedoch nie die Achtung derjenigen verlor, die die näheren Umstände dank ihrer Stellung kennen konnten, ist anzunehmen, daß er sich nicht strafbarer Handlungen schuldig machte, sondern nur unbesonnen und leichtsinnig war. 1745 verließ er Rom mit einem Empfehlungsbrief von Kardinal Acquaviva und 1759 Paris mit einem Empfehlungsbrief vom Duc de Choiseul. In Köln wurde er nach seiner Abreise rehabilitiert. Aus Stuttgart mußte er fliehen, weil er nicht die

Aus

den Memoiren

des

Venetianers

Jacob Casanova de Seingalt,

oder

sein Leben,

wie er es zu Dux in Böhmen niederschrieb.

Nach

dem Original-Manuscript bearbeitet

von

Wilhelm von Schütz.

Erster Band.

Leipzig:

F. A. Brockhaus.

1822.

Titelseite des ersten Bandes der Ausgabe von Schütz

Gerechtigkeit finden konnte, die ihm gebührte. Florenz mußte er 1760 verlassen, ohne daß eine ordentliche Anklage gegen ihn erhoben worden war. Als er aus Turin ausgewiesen wurde, konnte er nach wenigen Wochen durch die Intervention einflußreicher Freunde zurückkehren. Als er Warschau verlassen mußte, ließ ihm der König durch seinen Minister, den Grafen August Moszcinski, tausend Dukaten zur Begleichung seiner Schulden überreichen. Von Moszcinski stammt die folgende Botschaft, die man im Original unter seinen Papieren fand: «Ich weiß, daß Sie ein Ehrenmann sind, und hoffe, daß Sie dort, wo Sie hingehen, mehr Glück haben werden. Vergessen Sie nicht, daß ich Ihr Freund bin.» – Seine formlose Ausweisung aus Wien verdankte er wahrscheinlich der unüberwindlichen Abneigung der Kaiserin gegen Glücksspieler und Moralverächter.

In Augsburg hielt er sich vier Monate auf und verbrachte die meiste seiner Zeit in Gesellschaft des Grafen Maximilian Lamberg, den er 1757 in Paris getroffen hatte und der einer seiner anhänglichsten Freunde bis zu seinem Tod im Jahre 1792 blieb. Casanova berichtet uns, daß er sich vor allem durch die literarische Begabung und Belesenheit Lambergs angezogen fühlte. Der Graf erwies ihm seinen Tribut im «Memorial d'un Mondain» (1774), wo er Casanova als einen Mann bezeichnet, «der in der Welt der Literatur bekannt ist, ein Mann von profundem Wissen», und auf die vielen adeligen Freunde hinwies, die er besitze. Doch weder Casanovas Talente, noch Lambergs Intervention brachten es fertig, ihm den Posten zu verschaffen, um den er sich beim Kurfürsten von Mannheim bewarb.

In Köln stieg er ab, um den Herausgeber der «Gazette de Cologne» wegen eines aus Warschau datierten Artikels vom 30. Juli 1766 zur Rede zu stellen, worin es hieß: «Le sieur Casa-Nuova, assés connu dans les Feuilles, aiant voulu reparoitre icy, ces jours derniers, la Cour lui a ordonné d'en sortir au plutôt.» Der Text, wie er in der «Gazette» Nr. 66 von 1766 erscheint, weicht leicht von dem in den *Memoiren* zitierten ab. Casanova irrte sich auch, als er den Herausgeber als einen Jacquet bezeichnete; in Wirklichkeit war es ein Abbé Jeaurinvilliers, der 1765 Gaspard Jacquemotte abgelöst hatte.

Er reiste weiter nach Aachen und traf dort eine Anzahl von polnischen und anderen Warschauer Bekannten, unter ihnen den Conte Tomatis und seine Gattin, mit denen er nach Spa fuhr, wo er am 1. August 1767 eintraf. Da – etwas später als in Aachen – Hochsaison war, mußte er Wohnung bei einem Kaufmann Durieux nehmen, dessen Geschäft, Au Cordon Rouge, in der Rue de l'Assemblée 45 lag. Er versuchte, der Nichte seines Wirts Avancen zu machen und empfing dafür eine kräftige Ohrfeige, worauf er in das Haus gegenüber, Fontaine d'Or, Rue de l'Assemblée 11, zog, eine Privatpension für vornehme Ausländer. Die präzisen Einzelangaben, die Casanova macht, sind von Ilges bestätigt worden, der in zeitgenössischen Urkunden die Anwesenheit vieler Personen, die Casanova in den *Memoiren* nennt, bezeugt fand – ein weiterer Beweis für die erstaunliche Tatsachentreue, die im allgemeinen seine Erzählung auszeichnet.

Unter den Gästen in Spa fand Casanova seinen alten Freund Croce in Gesellschaft eines jungen Brüsseler Mädchens von ausgezeichneter Familie, Charlotte L., wieder, die von ihm verführt worden war. Croce verlor sein ganzes Geld beim Kartenspiel und verließ Charlotte, nachdem er sie – wie vorher in Mailand Mlle. Crosin – Casanovas Obhut anvertraut hatte. Casanova sorgte mit uneigennütziger Liebe für sie, brachte sie nach Paris und blieb bei ihr bis zu ihrem Tode, den sie im Oktober bei der Geburt eines Kindes fand. Es gibt keine bewegenderen Seiten in den *Memoiren* als die, die die Umstände dieser Begegnung beschreiben. Mehr als hundert Jahre später hat Dr. Guède in den Pariser Archiven Casanovas Erzählung voll bestätigt gefunden und das Mädchen als Charlotte Lamotte identifizieren können. Als er von Charlottes Beerdigung in seine Wohnung zurückkehrte, erhielt Casanova eine weitere Trauerbotschaft: Ein Brief Dandolos teilte ihm den Tod des treuen Bragadino mit, der am 14. Oktober gestorben war und Casanova noch kurz vor seinem Tode 1000 Taler geschickt hatte.

Die Unglückssträhne riß nicht ab. Vermutlich auf Betreiben von Mme. d'Urfé oder ihrer Familie erhielt er nach einer Begegnung mit ihrem Neffen – der ihm bitter vorwarf, seine Tante ausgebeutet zu haben – eine lettre de cachet, wonach er Paris innerhalb von achtundvierzig Stunden und Frankreich innerhalb von drei Wochen verlassen mußte. Prinzessin Lubomirska, die sich in Paris aufhielt, stellte ihm einen Empfehlungsbrief an den Premier der spanischen Regierung, Graf d'Aranda, aus, und der bekannte Marchese de Caraccioli, ein anderer treuer Freund, gab ihm Briefe an den neapolitanischen Botschafter in Madrid, den Prinzen de la Catolica, an den Herzog von Lossada und an den Marques de Mora-Pignatelli. Diese Empfehlungen sollten ihm die Türen in Spanien öffnen, wohin er am 19. November 1767 aufbrach. Morel-Fatio hat 1906 in seinen «Etudes sur l'Espagne» und Professor Sarrailh 1954 in «L'Espagne éclairée» auf die Genauigkeit hingewiesen, durch die sich Casanovas Beobachtungen in Spanien auszeichnen. Diese Anerkennung zweier bedeutender Gelehrter steht in scharfem Kontrast zu der allgemeinen Mißachtung, mit der man den historischen Wert der *Memoiren* im ganzen 19. Jahrhundert behandelte – von deutschen und einigen französischen und italienischen Historikern abgesehen.

Seiner Absicht gemäß lernte Casanova während der zehn Monate, die er sich in Spanien aufhielt, das Leben der verschiedensten gesellschaftlichen Schichten kennen. Der Kammerdiener Karls III., Dominigo Varnier, teilte ihm intime Einzelheiten mit, die er dazu verwendete, ein glänzendes Porträt des Monarchen zu entwerfen. Eine Intrige mit der Tochter eines modischen Schuhmachers, Donna Ignazia, führte ihn in bescheidenere Zirkel ein, deren Sitten und Bräuche er dennoch ebenso aufmerksam beobachtete wie die der spanischen Granden seiner Bekanntschaft. In scharfen Umrissen zeichnet er die Bigotterie der Spanier und den Aberglauben, dem sie verfallen waren. Das Spanien, das er auf seiner Reise fand, beklagte er mit den Worten:

Graf Lamberg

Arme Spanier! Die Schönheit ihres Landes, seine Fruchtbarkeit und sein Reichtum sind Schuld an ihrer Faulheit, und die Minen in Peru und Potosi sind Schuld an ihrer Armut, an ihrem Hochmut und an ihren Vorurteilen. Das ist paradox; aber der Leser weiß, daß es wirklich so ist. Spanien müßte erobert, umgekrempelt und beinahe zerstört werden, dann könnte daraus das herrlichste aller Königreiche entstehen; es würde neu geboren und der Himmel auf Erden werden.

Wie immer hatte er Schwierigkeiten mit den Behörden. Nachdem man ihn gewarnt hatte, daß die Polizei ihm wegen illegalen Besitzes von Waffen auf den Fersen säße, floh er in das Haus des Hofmalers Raphael Mengs. Seine Spur wurde gefunden, und am 20. Februar 1768 wurde er verhaftet. Nach einem zweitägigen Gefängnisaufenthalt im Buen Retiro entließ man ihn wieder. Einer anderen Version zufolge hatte er versucht, die Leiche eines von seiner Geliebten ermordeten Spaniers zu beseitigen, und war deshalb ins Gefängnis gekommen. Zola hat diese dramatische Episode in «Une nuit d'amour» verarbeitet.

Aus den Caprichos von Goya

Aus welchen Gründen auch immer – die Verhaftung beeinträchtigte nicht das gesellschaftliche Ansehen, das er genoß. Seine Bemühungen, eine Anstellung zu finden, schlugen jedoch genauso fehl wie vorher in Rußland, Polen und Deutschland. Obwohl seine fruchtbare Phantasie dauernd großartige neue Pläne ausheckte, fehlte es ihm an der notwendigen Ausdauer, sie auszuführen – eine seiner größten Charakterschwächen.

Der Leichtsinn, dessen er sich sooft schuldig machte, verwickelte ihn in einen Konflikt mit dem venezianischen Botschaftssekretär Conte Manucci, dessen intimer Freund er geworden war. Manucci wurde eine Behauptung Casanovas zugetragen, nach der er sich den Grafentitel selbst zugelegt habe. Casanova entschuldigte sich, mußte aber erleben, daß sich ihm die Türen der Botschaft und der spanischen Häuser verschlossen, in denen der Botschafter verkehrte. Es war das erste Mal in seinem Leben, wie er bemerkt, *daß ich mir eine ungeheure Indiskretion vorwerfen mußte, die ich ohne Grund begangen hatte, eine fürchterliche, sinnlose Undankbarkeit, die zu meinem Charakter eigentlich gar nicht paßte.*

Nachdem er sich selbst zur persona non grata in Madrid gemacht hatte, verließ er die Hauptstadt wenig später und reiste im September nach Valencia. Dort beging er abermals eine Unbesonnenheit, indem er die Gunstbeweise einer Nina Bergonzi annahm, der Geliebten des Generalkapitäns von Katalonien, Graf Riclas. Er folgte ihr nach Barcelona, wo er sie häufig besuchte. Bei einem dieser Besuche traf er seinen alten Feind Passano wieder, der ihr Miniaturen verkaufen wollte. Als er am nächsten Abend ihr Haus verließ, wurde er von zwei Männern überfallen, denen er nur dadurch entfliehen konnte, daß er einem seinen Degen durch die Brust stieß. Am nächsten Tag wurde er verhaftet und zweiundvierzig Tage lang gefangen gesetzt. Sein Freund Bono in Lyon, an den er sich um Hilfe wandte, schrieb ihm am 28. Dezember 1768, dem Tag seiner Entlassung, es sei «ein Irrtum, irgendeinem anderen das Unglück zuzuschreiben als Passano».

Auf der Rückreise nach Frankreich kam er durch Montpellier und erinnerte sich Mme. Blasins, deren Freundschaft er in Wien gewonnen hatte. Er wünschte, sie wiederzusehen, ohne sie zu kompromittieren, und verfiel auf eine geniale Idee, die ausgezeichnet seine Findigkeit illustriert. Er kannte ihren wahren Namen nicht, aber da er wußte, daß sie mit einem Apotheker verheiratet war, besuchte er verschiedene Apotheken und ließ sich mit den Besitzern in lange Gespräche ein über den Unterschied pharmazeutischer Praktiken in Frankreich und den Ländern, die er besucht hatte. Seine Hoffnung, bei diesen Diskussionen von der Gattin seines jeweiligen Gesprächspartners gehört und eventuell erkannt zu werden, wurde schließlich belohnt. Mme. Blasin sah ihn und lud ihn zu einem Besuch ein.

Vier Monate blieb er in Aix-en-Provence und verbrachte einen guten Teil seiner Zeit in Gesellschaft des Marquis d'Argens, eines damals bekannten Schriftstellers, der mit Friedrich dem Großen befreundet war. Casanova ist der einzige, der uns über die letzten Tage des Marquis berichtet hat. D'Argens, der bitter bereute, daß er seine «Memoiren» geschrieben hatte, gab seinem Gast den Rat, nicht dem selben Fehler zu verfallen. Casanova versicherte ihm, er *würde nie eine solche Torheit begehen, obwohl ich sie bereits seit sieben Jahren tagtäglich beging ... Ich fahre fort zu schreiben in der Hoffnung, daß meine Memoiren niemals das Licht der Öffentlichkeit erblicken werden. Ich bilde mir ein, daß ich – dann endlich weise geworden – von meinem letzten Krankenbett aus anordnen werde, daß meine sämtlichen Aufzeichnungen vor meinen Augen verbrannt werden. Sollte dies nicht der Fall sein, so rechne ich auf die Nachsicht meiner*

Leser, die daran denken sollten, daß ich meine Lebensgeschichte nur geschrieben habe, um nicht verrückt zu werden oder vor Ärger zu sterben über die kleinen Scherereien und Unannehmlichkeiten, die mir die Schufte hier [im Schloß des Grafen Waldstein] *bereiten. Nur weil ich täglich zehn bis zwölf Stunden mit Schreiben verbrachte, bin ich noch nicht vor Gram gestorben.*

Die vier Monate, die Casanova in Aix verbrachte, waren von einer schweren Krankheit gezeichnet, während der er hingebungsvoll von einer Krankenwärterin gepflegt wurde. Als er sie nach seiner Genesung belohnen wollte, versicherten ihm der Gastwirt und der Arzt zu seinem Erstaunen, sie wüßten nicht, woher sie gekommen und wohin sie gegangen sei.

Natürlich dachte er in Aix oft an Henriette, jenes bezaubernde Wesen, das von allen den zahllosen Frauen seiner Bekanntschaft den größten Eindruck auf ihn gemacht hatte, seitdem er sie zuerst im Jahre 1749 in Cesena traf. 1763 war er ihr bei Aix in der Nähe von Croix-d'Or wiederbegegnet, und jetzt sollte der dritte und letzte Akt der schönsten Romanze seines Lebens über die Bühne gehen. *Ich hatte oft bei verschiedenen Gesellschaften ihren Namen nennen hören, aber sorgfältig vermieden, mich nach ihr zu erkundigen, da ich nicht den Verdacht erregen wollte, sie zu kennen. Übrigens glaubte ich auch, sie sei auf dem Lande. Ich ließ sechs Wochen nach meiner Genesung verstreichen, um ihr völlig gesund meine Aufwartung machen zu können. So verließ ich Aix mit einem Brief in der Tasche, der ihr meine Absicht mitteilte und den ich ihr geben lassen wollte, sobald ich vor den Toren ihres Schlosses halten würde. Ich war entschlossen, meinen Wagen nicht zu verlassen, wenn sie mich nicht dazu aufforderte.* Welche Fehler Casanova auch gehabt haben mag – wir können ihm unsere volle Bewunderung für den Takt, den er von Anfang an in seinem Verhältnis zu Henriette hat walten lassen, nicht versagen.

Auf dem Weg nach Marseille hielt er bei Croix-d'Or an, wo er vor sechs Jahren, ohne es zu wissen, eine Nacht in Henriettes Gegenwart verbracht hatte. Ein Diener, dem er seinen Brief gab, teilte ihm mit, Madame sei in Aix und würde nicht vor Ablauf von drei Wochen zurückkehren. Casanova bat, eingelassen zu werden, um eine andere Nachricht an sie zu schreiben, und traf zu seiner größten Überraschung die Krankenwärterin, die ihn gepflegt hatte. Er erfuhr, daß sie im Auftrage Henriettes für ihn gesorgt hatte. Casanova übergab ihr die zweite Nachricht an Henriette, in der er ihr seine Adresse in Marseille mitteilte. Kurz nach seiner Ankunft erhielt er dann von ihr folgende Zeilen:

Nichts ist romantischer, mein lieber Freund, als die Geschichte un-

seres Wiedersehens in meinem Landhaus vor sechs Jahren und als die, die jetzt geschehen ist, zwanzig Jahre nachdem wir uns in Genf trennten. Wir sind beide älter geworden. Aber werden Sie mir glauben, daß ich Sie immer noch liebe und dennoch froh bin, daß Sie mich nicht wiedererkannten? Nicht, daß ich häßlich geworden wäre, aber eine gewisse Fülle hat meine Gesichtszüge verändert. Ich bin Witwe, bin glücklich und besitze genügend Mittel, um Ihnen sagen zu können, daß Sie in Henriettes Börse immer das Geld finden werden, das Ihnen in einer Notlage einmal fehlen könnte. Kehren Sie nicht nach Aix zurück, da dies Anlaß zu Gerede geben könnte ... Wo Sie mir jetzt einen so schönen Beweis Ihrer Diskretion gegeben haben, verspreche ich, Ihnen alles zu erzählen, was unsere Begegnung in Cesena veranlaßte, und werde ich Ihnen die Erlebnisse berichten, die ich auf meiner Rückreise in die Heimat hatte. Unsere Bekanntschaft ist ein Geheimnis für alle Welt, nur Monsieur d'Antoine kennt einen Teil davon.

Anton Raphael Mengs

Casanova gibt an, er habe einige vierzig Briefe von ihr während der mehr als zwanzig Jahre erhalten, die seit 1769 bis zur Niederschrift der *Memoiren* verstrichen. Es lag in seiner ausdrücklichen Absicht, diese Briefe seinen Erinnerungen beizugeben, falls Henriette vor ihm sterben sollte. Wir wissen, daß die mutmaßliche Henriette, Jeanne Marie Boyer de Fonscolombe, tatsächlich noch lebte, als Casanova die erste Fassung der *Memoiren* 1792 beendigte. Da sich unter den vielen Papieren, die er hinterließ, kein Brief von Henriette befand, ist ohne Zweifel anzunehmen, daß er sie vor seinem Tode im Jahre 1798 vernichtete. Offensichtlich glaubte er, Henriette sei damals noch am Leben gewesen, und hatte keine Nachricht von ihrem Tod im Jahre 1795 erhalten. So blieben die Briefe unveröffentlicht – ein letzter und höchster Beweis seines Feingefühls ihr gegenüber, der ihr Urteil über ihn als den ehrenhaftesten Mann, den sie je kannte, rechtfertigt.

In Aix kam auch die einzige Begegnung Casanovas mit Cagliostro zustande, der im 18. Jahrhundert neben Saint-Germain als Abenteurer einen Ruhm genoß, hinter dem vielleicht der Casanovas verblaßte. Cagliostro, der eine erstaunliche Begabung besaß, Gemälde, Stiche und Handschriften zu kopieren, zeigte ihm ein kopiertes Blatt Rembrandts, das Casanova noch schöner fand als das Original. Auf Wunsch der Gattin Cagliostros schrieb er einen Empfehlungsbrief und erhielt ihn wenige Stunden später mit der Aufforderung zurück, ihn genau auf seine Echtheit zu prüfen. Als Casanova erwiderte, er habe nicht den geringsten Zweifel in dieser Hinsicht, holte Cagliostro lächelnd den Originalbrief hervor, nach dem der vorher gezeigte so geschickt gefälscht war, daß selbst der Aussteller völlig getäuscht wurde. Erstaunt, aber auch beunruhigt über eine derartige Geschicklichkeit, bemerkte Casanova, daß es der Besitzer eines solchen Talents noch weit bringen würde, aber auch, falls er nicht vorsichtig sei, am Galgen enden könnte. Er riet Cagliostro, nie seinen Fuß auf römischen Boden zu setzen, wenn er nicht unglücklich werden wollte. Bekanntlich war es dann eben in Rom, wo Joseph Balsamo, der sogenannte Graf Cagliostro, sein Leben in den Gefängnissen der Inquisition beschloß.

1769 sah sich Casanova in allen seinen Bemühungen getäuscht, eine feste Anstellung zu finden, und sehnte sich danach, in seine Heimatstadt zurückzukehren. Um das Wohlwollen der venezianischen Obrigkeit zu erringen, faßte er den Plan, Amelot de la Houssaies «Histoire du Gouvernement de Venise» (Paris 1666) zu widerlegen, das voller Verleumdungen gegen die Republik war. Casanova hatte schon 1767 in Augs-

Cagliostro

burg begonnen, Notizen für das Werk zu machen und sich intensiv während der spanischen Gefangenschaft damit beschäftigt. Er ließ sich in Lugano nieder, wo es möglich war, italienische Bücher ohne Zensur drucken zu lassen, und überwachte dort die Drucklegung der *Confutazione* – des ehrgeizigsten Werkes, das er je unternommen hatte. Die dreibändige Ausgabe war innerhalb eines Jahres vergriffen. Freilich war es ihm weniger um finanziellen Erfolg zu tun gewesen als um die Beendigung seines Exils. Zu seiner großen Enttäuschung mußte er darauf jedoch noch fünf weitere Jahre warten.

Ende 1769 brach er nach Livorno auf, wo er von einem früheren russischen Bekannten, dem Grafen Alexis Orloff, eine Anstellung bei der russischen Flotte erhoffte, die dort zu einem Angriff auf die Türkei bereit lag. Als seine Dienste zurückgewiesen wurden, nahm er das alte Wanderleben wieder auf und reiste über Parma und Bologna nach Florenz. Zwar behauptet er in den *Memoiren*, diese Stadt nicht berührt zu haben, aber am 21. April 1770 erschien folgende Meldung in der «Gazetta Toscana»: «In Florenz hält sich jener Herr auf, den wir in der letzten ‹Gazzetta› als den venezianischen Edelmann Sig. Giacomo Casanova di S. Gallo bezeichnet haben. Wir stellen fest, daß die genannte Person selbst zu uns gekommen ist und uns mitgeteilt hat, daß er ... wohl Venezianer sei, aber nicht von Adel. Er erklärte, daß er sich nie diesen Rang beigelegt habe, der seine Qualifikationen bei weitem überschreite, und daß er sich darauf beschränke, ein guter Untertan seines Staates, anstatt ein Edelmann irgendeines Landes zu sein.» Casanovas Besorgnis entsprang offensichtlich dem Wunsch, die venezianischen Stadtväter nicht zu einer Zeit gegen sich einzunehmen, wo er ihre Gunst wiederzuerlangen suchte.

Neapel war immer eine seiner Lieblingsstädte gewesen, und dorthin wandte er sich jetzt, um nach seiner Ankunft viele alte Bekannte wiederzutreffen, unter ihnen Ange Goudar und seine Gattin Sara, die er zuletzt in London gesehen hatte. In Salerno begegnete er seiner alten Liebe Lucretia und seiner Tochter Leonilda wieder, die jetzt mit dem Marchese von C. verheiratet war. Er zögerte nicht, von dem Marchese die 5000 Dukaten anzunehmen, die er neun Jahre zuvor als Mitgift für Leonilda beim Herzog von Matalone hinterlegt hatte. Ebenso ließ er sich in Neapel von seiner früheren Geliebten Agata mit Einwilligung ihres Gatten die Juwelen wiedergeben, die er ihr 1763 in Turin geschenkt hatte – ein Zeichen, wie sehr sein Glück im Schwinden begriffen war.

Er kehrte nach Rom zurück, wo er zehn Monate blieb. De Bernis war Kardinal und französischer Botschafter geworden und gehörte jetzt zu den mächtigsten Persönlichkeiten der Stadt. Vielleicht schämte sich Casanova der bescheidenen Verhältnisse, in denen er im Vergleich zu seinem früheren Reichtum lebte, und zögerte deshalb, an den Kardinal-Botschafter heranzutreten. Als de Bernis jedoch von seiner Anwesenheit erfuhr, bewies er abermals die Loyalität, die er alten Freunden gegenüber besaß, und ließ ihn zu sich rufen. Er berichtete ihm Neuigkeiten über ihre gemeinsame Liebe, M. M., mit der er noch im Briefwechsel stand. Zu alt, um noch die früheren amourösen Heldentaten begehen zu können, ließ de Bernis es sich jedoch nicht nehmen, eine Intrige Casanovas mit zwei Bewohnerinnen eines Klosters zu fördern. In der Gesinnung wenigstens hatte er sich nicht geändert.

Casanova hoffte, eine Anstellung beim Großherzog von Toskana in Florenz zu finden. Statt dessen wurde er nach fünf Monaten aus der Stadt ausgewiesen, weniger eigener Vergehen, als der Gesellschaft wegen, die er in Florenz pflegte. Er fuhr nach Bologna, wo er neun Monate blieb und sich ebenso den Frauen wie ernsthaften Studien widmete. Er schrieb dort sein Pamphlet *Lana Caprina* (1772), von dem fünfhundert Exemplare verkauft wurden, die ihm – höchst willkommen – hundert Zechinen einbrachten. Das Werk beschäftigt sich mit dem Einfluß weiblicher Organe auf den Charakter der Frau. Es spiegelt weniger seine persönlichen Erfahrungen wider als die ungeheure Belesenheit, durch die er sich auszeichnete. Eine Zeitlang spielte er mit dem Gedanken, wieder nach Polen und Rußland zu gehen. Einer der letzten ihm verbliebenen Gönner, Dandolo, hatte jedoch einen Briefwechsel mit dem venezianischen Edelmann und Senator Pietro Zaguri angeknüpft, um Casanovas Rückkehr zu erwirken, und überredete ihn 1772 dazu, sich in Triest, so nahe wie möglich seiner Heimatstadt, niederzulassen.

Casanova folgte dem Rat und nahm in Triest die Arbeit an seiner *Istoria delle turbulenza della Polonia* wieder auf, zu der er sich schon vor sechs Jahren in Warschau Notizen gemacht hatte und an der er seitdem mit Unterbrechungen schrieb. Drei der geplanten sieben Bände wurden 1774 in Görz veröffentlicht; die restlichen vier erschienen niemals, da Casanova sich mit dem Drucker überwarf. Das Werk legt Zeugnis von seinem großen Sachwissen und seiner glänzenden Beobachtungsgabe ab und läßt nicht nur eine gründliche Beschäftigung mit der zeitgenössischen polnischen Geschichte erkennen, sondern spiegelt auch die Sympathien wider, die der Verfasser für das Schicksal des unglücklichen Landes empfand. Ein russischer Historiker, B. von Bilbassov, hat sich folgendermaßen darüber geäußert: «Von größtem Interesse ist die innenpolitische Geschichte Polens zwischen 1764 und 1767. Besonders gut sind die Haltungen der verschiedenen Parteien analysiert, obwohl man dabei nicht die klerikalen Tendenzen des Verfassers übersehen darf. Wichtig für uns sind

Von Geld ist die Rede, von wem noch?

Einen Hang zur Liederlichkeit …

... muß er wohl geerbt haben. Der Vater schon hatte die Vermögen von zwei Ehefrauen durchgebracht. Die Mutter blieb mit 3000 Pfund Abfindung sitzen, nachdem ihr Mann ihr Gut verkauft hatte, um Schulden zu bezahlen, und sich anschließend nach Frankreich abgesetzt hatte.

Der Sohn wuchs bei der Mama auf, die zwischen närrischer Zärtlichkeit und rasenden Wutausbrüchen hin und her schwankte. Vom Beispiel ihres Mannes abgeschreckt, haßte sie Schulden; entsprechend knapp war der Haushalt, ehe sie eine Pension von 300 Pfund im Jahr erhielt.

Als der Sohn zehn Jahre alt war, erbte er vom Großonkel Titel (Baron) und Vermögen. Fortan konnte er großzügig leben, wenn auch seine Prunk- und Verschwendungssucht und seine zahlreichen Affären ihn später gelegentlich an den Rand des finanziellen Ruins brachten. Im Alter von 24 Jahren wurde er buchstäblich über Nacht berühmt durch die Veröffentlichung eines Buches, das im selben Jahr noch fünf Auflagen erlebte.

Eine glänzende Karriere schien dem schönen Mann und (trotz Körperbehinderung) hervorragenden Sportler bevorzustehen. Er trübte sie selbst durch Liebesaffären und Skandalgeschichten, die ihm den Boykott der feinen Gesellschaft eintrugen. Als seine Frau nach einjähriger Ehe die Scheidung beantragte, verließ er die Heimat für immer.

Er lebte nun längere Zeit in Italien, wo er sich auch politisch engagierte. Zahlreiche Liebesaffären wurden ihm nachgesagt; der Rest der weiblichen Welt vergoß wenigstens heiße Tränen über seine Geschichten. Anschließend ging er nach Griechenland, wo er die Freiheitsbewegung nicht nur finanziell unterstützte. Hier starb er im Alter von 36 Jahren. Von wem war die Rede?

(Alphabetische Lösung: 2-25-18-15-14)

die Informationen über die polnische Einstellung zum russisch-polnischen Verhältnis und dem Rußlands zur polnischen Krone. Gleichermaßen interessant erscheint die Politik des russischen Botschafters, Prinz Repnins, und die Stanislaus Augusts.»

Casanova fand daneben noch Zeit, an einer Komödie mitzuarbeiten, *La forza della vera Amicizia*, die am 18. Juli 1773 in Triest uraufgeführt wurde, sowie eine Anzahl von Huldigungsgedichten an verschiedene prominente Damen und österreichische Statthalter zu schreiben. Zu Ehren eines dieser Statthalter verfaßte er das Libretto zu einer Kantate. Eine Lokalzeitung bezeichnete sie als «glänzendster Teil des Programms» und lobte die Komposition «aus der berühmten Feder des Herrn Casanova».

Dank seiner Fähigkeit, sich einflußreiche Männer zu Freunden zu machen, hatte er das Vertrauen des 1773 ernannten Statthalters, Graf Wagensberg, gewonnen. Der venezianische Konsul wußte davon und empfahl Casanova, der Republik einen Dienst zu erweisen und beim Statthalter um die Genehmigung nachzukommen, daß die wöchentliche Schnellpost von Triest nach Mestre in Zukunft ihren Weg über Udine nehmen dürfe. Es gelang Casanova, den Grafen in diesem Sinne zu beeinflussen, und er wurde mit vierhundert Francs belohnt. Danach vertraute man ihm die noch schwierigere Aufgabe an, armenische Mönche zur Rückkehr zu bewegen, die Venedig verlassen und in Triest eine Druckerei gegründet hatten, um armenische Klöster in der Türkei mit armenischen Büchern zu beliefern. Graf Wagensberg war wohl bereit, Casanova bei Plänen zu unterstützen, die nicht den österreichischen Interessen widersprachen, aber er nahm an Casanovas derzeitigen Bemühungen Anstoß, da die Anwesenheit der Armenier in Triest vorteilhaft für Österreich war. Casanova schloß jedoch Frieden mit dem Statthalter, indem er ihm diplomatisch versicherte, er hätte nie den Auftrag übernommen, wenn er nicht von vornherein von seinem Mißlingen überzeugt gewesen wäre. Wagensberg war um so eher geneigt, die Erklärung gelten zu lassen, als er Casanova nützlich fand, vertrauliche Informationen der österreichischen Regierung an die Republik Venedig zu übermitteln, die den Rat der Zehn empfänglicher für gewisse Grenzangelegenheiten von beiderseitigem Interesse machen sollten. Casanovas Informationen wurden für so wertvoll gehalten, daß man ihm noch einmal eine Belohnung von hundert Dukaten zukommenließ und ihm ein monatliches Stipendium von zehn Zechinen aussetzte. Von den drückendsten finanziellen Sorgen befreit, *war es mir nicht unangenehm, im Dienste desselben Tribunals zu stehen, das mich meiner Freiheit beraubt hatte und dessen Macht ich getrotzt hatte. Ich sah im Gegenteil darin einen Triumph für mich und hielt es für Ehrensache, ihm in*

Die Rialtobrücke in Venedig. Gemälde von Francesco Guardi

allem nützlich zu sein, was nicht gegen das Natur- oder das Völkerrecht verstieß.

In der Zwischenzeit unterstützten seine Freunde in Venedig, der Prokurator Lorenzo Morosini, der Senator Pietro Zaguri und der treue Marco Dandolo, Casanovas Bemühungen, in seine Heimatstadt zurückzukehren. Der langersehnte Augenblick trat schließlich ein: Am 3. September 1774 wurde ihm ein Geleitbrief ausgestellt, und am 14. September traf er nach einem Exil von achtzehn Jahren wieder in Venedig ein.

Das Glücksspiel

Das Glücksspiel nahm eine derart wichtige Rolle in Casanovas Leben ein, daß wir ihm eine sorgfältige Untersuchung widmen müssen. Was er darüber geschrieben hat, ist nicht nur für seinen eigenen Charakter, sondern auch für den seines ganzen Zeitalters höchst aufschlußreich. Von frühester Jugend an war er, wie die meisten Venezianer, ein leidenschaftlicher Kartenspieler. Er selbst gibt zu, daß er zu unrecht dieser Neigung gefolgt sei, *da ich weder genügend Vorsicht besaß aufzuhören, wenn das Glück gegen mich war, noch genügend Selbstbeherrschung, wenn ich gewann.* Er gesteht, daß er spielte, *weil ich vom bösen Geist des Geizes besessen war, weil ich die Verschwendung liebte und weil mein Herz blutete, wenn ich Geld ausgeben mußte, das ich nicht am Spieltisch gewonnen hatte.*

Entgegen der herrschenden Meinung ist Casanova nie ein berufsmäßiger Spieler gewesen, der sein Einkommen zum wesentlichen Teil aus dem Kartenspiel gezogen hätte. Nur einmal hat er den Plan erwogen, das Spiel zu seiner Profession zu machen: als er 1745 von Korfu nach Venedig zurückkehrte und nicht wußte, wovon er leben sollte. Als er jedoch nach einer Woche den letzten Pfennig verloren hatte, gab er alle Gedanken an eine derartige Laufbahn auf, obwohl er nie dem Kartenspiel selbst entsagte. Nur gelegentlich spielte er, um seine Börse aufzufüllen; wenigstens zweimal erklärt er, die Langeweile habe ihn an den Spieltisch getrieben, um dort eine der wenigen Zerstreuungen zu finden, die das Alter ihm noch vergönne. Seine Ansicht über berufsmäßige Spieler war voller Verachtung: *Es gibt kein schändlicheres Gewerbe als ihres.* Oder in einer Bemerkung über die Orloffs: *Da sie selbst Glücksspieler waren, wußten sie, daß Glücksspieler gewöhnlich Spitzbuben sind.* Und bei einer anderen Gelegenheit: *Nie konnten die Berufsspieler je einen Beweis erbringen, daß ich zu ihrer teuflischen Clique gehörte, und doch bestan-*

den sie darauf, mich für einen Griechen zu halten, d. h. für einen Falschspieler.

Casanova gibt nicht an, wo er das Kartenspiel erlernte; es muß jedoch in einem frühen Alter gewesen sein. Den ersten Hinweis auf das Glücksspiel in den *Memoiren* finden wir 1736 in Hinblick auf seine Mutter; die erste Nachricht, daß er selbst am Spiel teilgenommen hat, stammt aus seiner Studentenzeit in Padua. Als er 1743 auf seinem Weg nach Rom in Chiozza weilte, gesteht er zum ersten Male ein, Unglück beim Spiel gehabt zu haben. Zwei Jahre später spielte er auf Korfu Bassette und Pharao und verlor abermals seine ganze Barschaft. Als er nach kurzer Abwesenheit zurückkehrte, erkannte der professionelle Spieler, an den er vorher sein Geld verloren hatte, daß Casanova entschlossen war, sich nicht länger betrügen zu lassen, und *hielt mich für würdig, mir die weisen Grundsätze beizubringen, ohne die das Glücksspiel alle zugrunde richtet, die sich an ihm beteiligen*. Als Verbündeter jenes Hasardeurs war ihm das Glück so hold, daß er bald eine lokale Berühmtheit wurde, ohne daß seine Beziehungen zu einem Falschspieler im mindesten sein Ansehen beeinträchtigten.

Wenn wir Casanova und seine Zeit recht verstehen wollen, dann dürfen wir jene Epoche nicht nach den Maßstäben unserer eigenen Zeit messen. Während heutzutage ein Betrug in einem Spielkasino undenkbar ist, war man im 18. Jahrhundert gegen die «correcteurs de fortune», wie man die Betrüger euphemistisch nannte, äußerst nachsichtig. Baron Lefort teilte Casanova 1765 in Rußland mit, er kenne *junge Herren vom höchsten Adel, die sich ihrer Fähigkeit brüsten, das Glück zu korrigieren, mit anderen Worten: zu betrügen.* Betrügereien wurden als Selbstverständlichkeit hingenommen und waren nicht nur für den russischen Adel charakteristisch, sondern für den in ganz Europa. Die *Memoiren* legen davon reichlich Zeugnis ab. Als Casanova 1746 fünfhundert Zechinen auf Wechsel verlor, lachte ihn Bragadino aus, daß er sich um Schulden bekümmerte, die er bei Falschspielern gemacht hatte, und erhielt nicht nur den Wechsel, sondern auch Casanovas verlorenes Bargeld zurück. In Wien beobachtete Casanova 1753, wie ein Spieler, der verloren hatte und annahm, betrogen worden zu sein, die Karten dem Bankhalter ins Gesicht warf. Er schreibt, daß *der kluge Afflisio nicht darauf achtete* – vermutlich, weil er an solche Zwischenfälle gewöhnt war.

Nichts illustriert die Einstellung des 18. Jahrhunderts in dieser Hinsicht besser als die Antwort, die der Marchese Grimaldi 1763 in Genua gab, nachdem er drei berufsmäßigen Spielern beim Biribi eine beträchtliche Summe abgewonnen hatte. Als Casanova ihn darauf aufmerksam machte, daß der Verdacht, mit einem der Spieler

Der Ridotto. Gemälde von Guardi (Ausschnitt)

unter einer Decke gesteckt zu haben, ihm wenig Ehre antäte, entgegnete der Marchese: *Weder Ehre noch Unehre. Man mag Sie darum nicht weniger gern, man ist amüsiert und jeder gibt zu, daß er es an Ihrer Stelle genauso gemacht hätte.*

Als Casanova 1771 in Bologna Kardinal Branciforte gegenüber abstritt, an den Gaunereien in Florenz beteiligt gewesen zu sein, wo Lord Lincoln beim Kartenspiel um 12 000 Pfund gerupft und von wo Casanova zusammen mit den wirklichen Schuldigen Zanowitsch, Zen und Medini ausgewiesen wurde, antwortete ihm der päpstliche Legat *lachend, er bedaure, daß ich unschuldig sei.* Beinahe zur gleichen Zeit schrieb ihm der Marquis de Prié am 4. Januar 1771 aus Mailand über dieselbe Affäre: «Ich weiß nicht, warum Sie ein Geheimnis daraus machen... Sollten Sie nicht daran teilgenommen haben? Ich jedenfalls hoffe es von ganzem Herzen.»

Diese Zitate belegen zur Genüge die Nachsichtigkeit, mit der man im 18. Jahrhundert Betrügereien behandelte. Sie wurden eben hingenommen, und der ehrliche Spieler mußte selbst geeignete Vorsichtsmaßnahmen treffen, wenn er nicht gerupft werden wollte. Als Casanova 1760 in Aix-en-Savoie spielte, verlangte er trotz der ausgezeichneten Gesellschaft, in der er sich befand, für jede Runde ein neues Spiel Karten, und lehnte bei einer anderen Gelegenheit seine Beteiligung ab, als keine frischen Packen zur Hand waren.

Er selbst verhehlte keineswegs, von Zeit zu Zeit zu Falschspielpraktiken gegriffen zu haben. Als er 1753 in Venedig sein ganzes Geld beim Pharao verlor, machte ihm Croce, *ein eingefleischter Glücksspieler und fleißiger Verbesserer des Glücks*, den Vorschlag, sich an seiner Bank zu beteiligen, um finanziell wieder zu Kräften zu kommen. Casanova gesteht mit entwaffnender Offenheit: *Nachdem ich sicher war, daß der stadtbekannte, geriebene Bursche mir keine Falle stellte, und ich mich davon überzeugt hatte, daß er wußte, wie man gewinnt, war ich nicht so skrupelhaft, meine Beteiligung und die Hälfte seines Gewinns abzulehnen.* Sie teilten sich am Ende nicht weniger als 12 000 Zechinen.

Wir finden häufig einen Hinweis auf seine Fähigkeit, das Spiel zu lenken, besonders wenn er Frauen etwas gewinnen lassen wollte. Als er in San Angelo die Gastfreundschaft des Conte Attendoli-Bolognini genoß, legte er zur Unterhaltung der Familie eine Pharaobank auf und verlor vierzig Zechinen. Er schreibt: *Es waren solche kleinen Verluste zur rechten Zeit, die mich in den Ruf brachten, der anständigste Spieler in ganz Europa zu sein.* Er hatte seine Geschicklichkeit durch lange Übung und scharfe Beobachtung erworben. Schon mit einundzwanzig Jahren erhielt er von Bragadino den Rat, *niemals zu setzen, sondern selbst die Bank zu halten; dann wirst du immer im Vorteil sein.* Er nahm sich diesen Rat zu Herzen, wie die Enttäuschung zeigt, die er 1754 in Venedig darüber empfand, daß er nicht im Ridotto die den Patriziern vorbehaltene Bank übernehmen durfte. Einer seiner größten Vorzüge als Spieler waren die Unbekümmertheit, die Heiterkeit, mit der er verlor, und das Fehlen jeder Schadenfreude, wenn er gewann. *Ich war gelassen und lächelte, wenn ich verlor, und gewann ohne Habsucht.* Ein Beispiel für seine außerordentliche Kaltblütigkeit bietet die Pikettpartie, die er in Sulzbach um einen Einsatz von fünfzig Louis spielte, den der Spieler, der zuerst aufgab, bezahlen sollte. Natürlich gewann Casanova nach einem ununterbrochenen Spiel von zweiundvierzig Stunden. 1760 hielt er in Aix-en-Savoie die Bank beim Pharao, als ein junger Engländer ihm anbot, einen Wechsel über eine nicht genannte Summe auf eine einzige Karte zu setzen. Casanova gab seine Einwilligung, nachdem er sich versichert hatte, daß die Summe nicht den Betrag der Bank überschritt. Nachdem er nur noch ein Dutzend Karten auf seinem Packen übrig hatte, fragte er den Engländer, ob er seinen Einsatz zurückziehen wollte. Die Frage wurde verneint, Casanova zog zwei weitere Karten ab und erneuerte sein Angebot. *‹Nein, Sie sind zu großmütig. Ziehen Sie ab!›* Casanova zog ab, gewann und steckte den Wechsel in die Tasche, ohne ihn anzusehen – eine Geste, die großen Eindruck auf die Zuschauer machte. Als er ihn dann später prüfte, stellte er fest, daß er über einige 10 000 Livres oder Francs gut war.

Obwohl er fast alle Kartentricks kannte und beherrschte, wurde er häufig betrogen. Wenn der Betrug zu offensichtlich war, reagierte er äußerst heftig. Als Conte Medini ihn in Venedig *auf handgreifliche Art ausplünderte,* verlangte er mit vorgehaltener Pistole seinen Verlust zurück. Ähnlich zwang er 1749 in Cesena einen Falschspieler, Conte Celi, ihm sein verlorenes Geld zurückzuerstatten. Wie die meisten Amateurspieler verlor Casanova anscheinend viel mehr, als er gewann. Davon legen nicht nur die *Memoiren* Beweis ab, sondern auch unabhängige Zeugen. Am 15. Oktober 1759 schrieb Comte d'Affry an Choiseul, daß Casanova bei seinem vorjährigen Aufenthalt in Holland viel Geld beim Spiel verloren habe. Bono bedauerte ihn in einem Brief aus Lyon nach Genua vom 18. März 1763: «Es tut mir leid, daß Sie in Mailand genauso unglücklich gespielt haben wie überall anders.»

In den Jahren nach der Flucht aus den Bleikammern (1756) wird das Glücksspiel kaum erwähnt. Zweifellos war er zu sehr mit der französischen Lotterie beschäftigt und mag das Gefühl gehabt haben, daß es ihm als Direktor nicht anstehe, zu hasardieren. Bis 1760 beteiligte er sich nur selten und mit kleinen Einsätzen am Spiel. 1760 scheint er jedoch in Aix-en-Savoie beträchtlich gewonnen zu haben. Wir hören nicht oft von so großen Gewinnsummen; aber Aix war damals ein Treffpunkt von Spielern aller Nationen, insbesondere von reichen Italienern und von Engländern, die hohe Einsätze gewohnt waren. Erst einige Monate später, nach seiner Ankunft in Neapel finden wir wieder einen Hinweis auf Spiele von solchem Ausmaß. Er selbst schätzt seinen Gewinn in dieser Stadt auf etwa 60 000 Francs.

1763 gab er in England sein Debüt bei einer Whistpartie im Hause Lady Harringtons, wobei er fünfzehn Guineas verlor. Er scheint kein guter Whistspieler gewesen zu sein, da er abermals verlor, als er es bei der Charpillon spielte. In gleichem Maße, wie sein Kapital nach seiner Abreise aus England zusammenschrumpfte, näherten sich auch die Tage des großen Glücksspiels ihrem Ende. Auf dem Wege nach Berlin spielte er in Magdeburg, *wobei ich mich in bescheidenen Grenzen hielt.* Auf der Reise von Berlin nach Petersburg war er in ernster Verlegenheit, als er in Danzig hundert Dukaten verlor. In Warschau *war meine Börse nicht gut genug gefüllt, um mich mit polnischen Spielern einzulassen.* In Spa, wo das Spiel seine Hauptzerstreuung bildete, beteiligte er sich mit mäßigen Einsätzen. In Valencia ließ er sich überreden, mit Nina Primera zu spielen. Da er bei einem Spiel, *bei dem der Vorsichtigste immer gewinnt,* die nötige Vorsicht aufbrachte, konnte er mehrere hundert Dublonen einstecken, die ihm in seinen bedrängten Umständen gut zustatten kamen. Bevor er im nächsten Jahr zusammen mit Goudar in Neapel die Bank hielt, *hatte sich meine Börse in kürzester Zeit geleert, und mir blieb vielleicht nur dieses Mittel, um in dem Stile weiterzuleben wie bisher.* Da der erhoffte Gewinn ausblieb, verzichtete er in Zukunft ganz auf dieses Mittel.

Die Tage, in denen er auf großem Fuße lebte und das Geld mit vollen Händen am Spieltisch ausgab, waren gezählt. In Rom mußte er sich mit der Rolle des Zuschauers begnügen. Es ware eine Ironie des Schicksals, daß er aus Florenz gerade wegen angeblicher Beteiligung am Falschspiel ausgewiesen wurde. Daß er nichts mit jener Partie zu tun hatte, bei der Lord Lincoln gerupft wurde, wird nicht nur durch einen Brief Zanowitschs vom 15. Januar 1772 belegt, sondern auch dadurch, daß Casanova zur selben Zeit an den Marquis de Prié die dringende Bitte richtete, ihm Geld zu leihen. So schloß die Laufbahn eines Spielers, dessen Leidenschaft für Karten der für Frauen und Bücher kaum nachstand, mit einem unpassenden Finale. 1769, in einem der jetzt folgenden mageren Jahre, schrieb er eine Geschichte der französischen Spielkarten, die er seiner *Confutazione* einverleibte. Wenn er schon nicht mehr in dem Maße am Spiel teilnehmen konnte wie in den Tagen des Überflusses, so konnte er doch wenigstens eine gewisse Befriedigung darin finden, daß er aus dem reichen Schatz seines Wissens und seiner Erfahrung darüber sprach – wie er viel später in Dux auch die anderen Vergnügen, die ihm seine Leidenschaft für Frauen geschenkt hatte, dadurch zu erneuern suchte, daß er über seine Abenteuer schrieb, als das alte Feuer längst zu kalter Asche geworden war.

Rückkehr aus dem Exil

Die *Memoiren* enden 1774 in Triest, am Vorabend seiner Rückkehr nach Venedig. Als Casanova mit der Niederschrift beschäftigt war, hatte er geschwankt, ob er die Erinnerungen bis in die letzten Tage hinein fortführen oder sie abbrechen sollte, bevor er zu den schmerzlichen Ereignissen seiner vorgerückten Jahre kam. In der *Histoire de ma fuite* (1788) betont er, er würde – falls er jemals eine geschlossene Darstellung seines Lebens geben sollte – nur die Zeit zwischen 1756 und 1774 schildern. Nachdem er 1792 eine erste Fassung der *Memoiren* beendet hatte, die bis ins Jahr 1772 reichte, teilte er Opitz am 20. Juli 1793 in einem Brief mit: *Ich meine, ich sollte sie so belassen, denn vom Alter von fünfzig Jahren an kann ich nur Trauriges berichten, und das macht mich selbst traurig. Ich schreibe ja nur, um mich mit meinen Lesern zu vergnügen; jetzt würde ich sie langweilen, und das lohnt nicht die Zeit.* Aus diesen und vielen anderen Zeugnissen wird klar, daß die Erinnerungen spätestens 1774 enden sollten.

Die Jugendzeit war für ihn wie für Byron die schönste Zeit. Wie wenige Männer vor oder nach ihm hatte er das Leben bis zur Neige geleert, hatte er seine außergewöhnlichen Talente mit dem gleichen Leichtsinn verschwendet wie seine materiellen Güter. Als er Venedig wiedersah, sind ihm wohl dieselben Gedanken durch den Kopf gegangen wie die, die ihm zwei Jahre zuvor bei einem Besuch Anconas kamen. Damals, 1772, schrieb er: *Was für einen Unterschied fand ich, wenn ich den körperlichen und seelischen Zustand meiner Jugend mit dem jetzigen verglich! Ich konnte in mir nicht denselben Menschen wiedererkennen. So glücklich ich damals war, so unglücklich fühlte ich mich heute, wo meine Augen nicht mehr geblendet waren von der glänzenden Aussicht auf eine glückliche Zukunft. Ich mußte mir gegen meinen Willen eingestehen, daß ich meine Zeit und damit mein Leben vergeudet hatte: die zwanzig Jahre, die vor mir lagen und die zu erleben ich noch hoffen konnte, erschienen mir in einem trüben Licht.*

Ich wollte als freier Mensch in meine Heimat zurückkehren, und es schien mir, als ob ich keine anderen Wünsche hätte, als umzukehren und alles, was ich bisher getan hatte, Gutes und Böses, ungeschehen zu machen. Ich konnte nur noch hoffen, mir jenen unvermeidlichen Abstieg, der dem Grabe zuführt, leichter zu gestalten.

Casanova wurde in Venedig herzlich empfangen und sogar von den Inquisitoren zum Essen geladen, die einen persönlichen Bericht über seine Flucht aus den Bleikammern von ihm hören wollten. Er fand viele alte Freunde, unter ihnen die berühmten Brüder Memmo, Pietro Zaguri, Mme. Manzoni, Angela Toselli, Marcolina, den Gatten Christinas, Carlo, der ihm seine Börse zur Verfügung stellte, und Caterina Capretta (C. C.). Mit M. M. scheint er jedoch keine Verbindung mehr aufgenommen zu haben. Von seinen drei Gönnern waren Bragadino und Barbaro gestorben, nur Dandolo lebte noch. Bragadinos Schulden hatten sein Vermögen aufgezehrt, aber Barbaro hatte Casanova monatlich sechs Zechinen vermacht, und von Dandolo erhielt er jeden Monat die gleiche Summe. Da dieses Geld nicht seinen Ansprüchen genügte, suchte er Mittel, um sein mageres Einkommen zu erhöhen. Verschiedene Angebote wurden ihm gemacht – als Agent des Landgrafen von Hessen-Kassel zu arbeiten oder Cerutis «Ephemerides Romaines» mit venezianischen Beiträgen zu beliefern –, aber sie fanden nicht die Billigung der Inquisitoren. Er sah die Vergeblichkeit seiner Bemühungen ein und versuchte, sich

Venedig: Blick auf Santa Maria della Salute

seinen Lebensunterhalt mit der Feder zu verdienen. Seit 1764 hatte er mit Unterbrechungen an einer Übersetzung der «Ilias» gearbeitet, die er jetzt wieder aufnahm. 1775 brachte er den ersten Band heraus, 1776 den zweiten und 1778 einen dritten. Dann gab er das Werk auf, da es ihm an Kapital fehlte. Er fand zwar nur 339 Subskribenten, aber unter ihnen waren viele europäische Berühmtheiten, die ihm solcherart ihre Freundschaft bewiesen.

Da er als freier Schriftsteller nicht leben konnte, wurde er 1776 unter dem Namen Antonio Pratolini Geheimagent der Inquisition. Mehr als fünfzig Berichte von ihm blieben in den venezianischen Archiven erhalten. Sie sind zwar mit einer gewissen Eleganz geschrieben, aber inhaltlich so banal, daß wir in ihrem Autor kaum den lebhaften Stilisten der *Memoiren* wiedererkennen. Offensichtlich war er nicht mit dem Herzen bei der Arbeit. Nachdem man ihm zunächst für jeden Bericht einzeln bezahlt hatte, erhielt er vom 7. Oktober 1780 an ein monatliches Gehalt von fünfzehn Dukaten. Die relative finanzielle Sicherheit, die er dadurch gewann, sollte nicht von langer Dauer sein. Ende 1781 gesteht er in einem Brief an die Inquisitoren das Mißlingen einer ihm übertragenen Aufgabe und bittet, ihm dennoch *weiterhin seinen Lebensunterhalt zu gewähren, damit er sich in Zukunft nachdrücklich dem Dienst widmen kann, der ihm anvertraut wurde.* Man gewährte ihm jedoch nur ein weiteres Monatsgehalt und honorierte ihm fortan wieder seine einzelnen Berichte je nach ihrem informatorischen Wert. Der letzte davon stammt vom 31. Oktober 1782 und ist kurz vor seiner endgültigen Abreise aus Venedig geschrieben.

Als er 1779 die Bäder von Abano in der Nähe von Padua nahm, verfaßte er *Scrutinio del libro Eloges de M. de Voltaire,* eine Streitschrift gegen den Schriftsteller, den er bereits in der *Confutazione* angegriffen hatte. Da Voltaire Kritik an seiner Übersetzung der «Ecossaise» geübt und einen Brief ignoriert hatte, den Casanova ihm zusammen mit der Übersetzung 1760 geschickt hatte, fühlte sich

Andrea Memmo

Casanova tief in seinem Selbstgefühl verletzt und wurde *der geschworene Feind dieses großen Mannes. Ich habe ihn danach in allen meinen veröffentlichten Werken angegriffen, denn ich glaubte, mich zu rächen, indem ich ihm unrecht tat. Aber wenn meine Werke mich überleben sollten, werden diese Sticheleien nur mir selbst schaden. Die Nachwelt wird mich für einen Zoilus halten, der es wagte, ein großes Genie anzugreifen. Das einzige Verbrechen, das man Voltaire vorwerfen kann, sind seine Angriffe gegen die Religion. Wäre er ein wahrer Philosoph gewesen, dann hätte er nie über diese Dinge gesprochen, denn selbst wenn das, was er sagte, wahr gewesen wäre, so hätte er doch wissen müssen, daß das Volk im Interesse des allgemeinen nationalen Friedens unwissend bleiben muß.*

Casanovas Angriffe in der *Scrutinio* und in seinen anderen Werken wurden freilich nicht nur aus einem verletzten Selbstgefühl heraus geführt, sondern vor allem aus einer grundsätzlich anderen Einstellung zur Religion. Das geht nicht nur aus den oben zitierten Sätzen hervor. Auch das Gespräch, das Casanova 1760 mit Voltaire führte, kann als Beweis gelten. *Angenommen,* sagte Casanova, *daß es Ihnen gelingt, den Aberglauben abzuschaffen – was wollen Sie an seine Stelle setzen? – So etwas höre ich gern,* erwiderte Voltaire. *Wenn ich die Menschheit von einem schrecklichen Ungeheuer befreie, das sie verschlingt, kann man mich doch nicht fragen, was ich an seine Stelle setzen werde. – Es verschlingt sie ja gar nicht,* protestierte Casanova, *der Aberglaube ist im Gegenteil notwendig für das Bestehen der Menschheit.*

Einen ähnlichen Gedanken äußerte er 1766, als er Souliés Voltairianismus angriff: *Ich möchte, daß der menschliche Geist und alle Einrichtungen einem Glauben unterworfen sind.* Es hieße, seine tiefsten Überzeugungen zu verkennen, wenn man – wie einige Kritiker es getan haben – seinen Bericht an die Inquisition vom 28. Dezember 1781 über gottlose und allzu freie Bücher auf die leichte Schulter nimmt. Von großer Bedeutung ist darin der Gedanke, daß *diese Bücher verbrannt zu werden verdienen, obwohl sie nicht darauf abzielen, die Religion verächtlich zu machen.* Diese tief religiöse Gläubigkeit bildet einen Grundzug seines Charakters. Es ist psychologisch erstaunlich, daß dieser Mann mit seinen außerordentlichen geistigen Fähigkeiten im Zeitalter der Aufklärung den Lehren der französischen Philosophen und Enzyklopädisten gegenüber unzugänglich blieb. Ein Freidenker war er nur im allgemeinsten Sinne des Wortes.

1779 liierte sich Casanova mit einer unbekannten Näherin, Francesca Buschini, und mietete ein kleines Haus in Barbaria delle Tole, wo er mit ihr, ihrer Mutter und ihrem Bruder zusammen lebte. Zwischen Juli 1779 und Oktober 1787 schrieb sie ihm zweiunddreißig

Casanovas Porträt von Berka, in Prag entstanden, als Casanova dreiundsechzig Jahre alt war

Briefe, die er aufgehoben hat. Diese Briefe, in denen sie mit ihrer rückhaltlosen Hingabe ihm gegenüber sehr sympathisch erscheint, sind vor allem deshalb wertvoll, weil sie das einzige Zeugnis über sein Leben während jener dunklen Jahre darstellen.

Bei den reichen geistigen Gaben, die Casanova besaß, erscheint es nur natürlich, daß er seine schriftstellerische Tätigkeit fortsetzte. 1780 gründete er eine Monatszeitschrift, *Opuscoli Miscellanei*, die ausschließlich der Veröffentlichung eigener Sachen gewidmet war. Unter anderem erschienen dort verschiedene Essays, seine Geschichte Polens, eine Übersetzung von Mme. Riccobinis «Lettres de Mylady Juliette Catesby» unter dem Titel *Lettere della Nobil Donne* und *Il duello*, ein Bericht über sein Duell mit dem Grafen Branicki. Die Zeitschrift stellte schon im Juli ihr Erscheinen ein, da sich vermutlich nicht genügend Subskribenten fanden. Ohne sich von diesem Fehlschlag entmutigen zu lassen, vertauschte er seine Rolle mit der eines Theaterdirektors und -kritikers – ein Beruf, der ihm dank seiner Erfahrungen in Korfu und Augsburg durchaus vertraut war. Er engagierte eine Truppe französischer Schauspieler unter der Leitung Mme. Clairmondes, die als Schauspielerin einigen Ruhm genoß, und gab am 7. Oktober 1780 die erste Vorstellung im Theater von S. Angelo. Um Besucher anzulocken, begann er gleichzeitig, eine kritische Theaterzeitschrift herauszugeben, *Le Messager de Thalie*, von der elf Nummern in wöchentlichem Abstand erschienen. Wenn er seine Tätigkeit als Impresario im Januar 1781 wieder aufgeben mußte, dann lag das keineswegs an seiner mangelnden Aktivität, sondern daran, daß er nicht genügend finanzielle Unterstützung fand. Man hat darauf hingewiesen, daß er den Theaterdirektoren seiner Zeit weit voraus war, indem er doppelte Programme einführte, anreizende Voranzeigen veröffentlichte und das Interesse des Publikums dadurch weckte, daß er Ungewöhnliches und Erlesenes versprach.

Kurz nach diesem Fehlschlag wurde er Sekretär eines Genueser Diplomaten, Carlo Spinola, dem er 1775 den ersten Band seiner *Iliade* gewidmet hatte. Spinola, ein reicher und verschwenderischer Sonderling, der eine großartige Villa in der Nähe von Padua besaß, hatte einige Zeit zuvor mit einem gewissen Carletti um 250 Zechinen gewettet, daß er die Tochter des Fürsten Esterházy heiraten würde. Er verlor die Wette, vergaß aber, seine Schulden zu bezahlen. Carletti besuchte im Mai 1782 Venedig und begegnete Casanova im Hause Carlo Grimanis. Die Stellung, die letzterer bei Spinola innehatte, «brachten Carletti auf die Idee, sich an Casanova zu wenden. Er sollte seinen Arbeitgeber an die Schulden erinnern und ihn dazu bringen, sie durch eine einmalige Barzahlung oder in Raten zu begleichen. Er versicherte Casanova, daß er bei Gelingen so belohnt werden würde, wie er es verdiente. Casanova entgegnete, daß ein solcher Vorschlag ihn zu jeder anderen Zeit zum Erröten gebracht hätte, seine augenblickliche Lage ihn jedoch nicht nur zwinge, einzuwilligen, sondern auch, sich nach der Höhe der Summe zu fragen, auf die er für seine Hilfe im Falle des Gelingens rechnen dürfe.

‹Mein Feingefühl›, erwiderte Carletti, ‹verbietet mir –› – ‹Nein, nein›, unterbrach ihn Casanova ungestüm, ‹das Feingefühl sollte eher mir zukommen. Ich opfere es jedoch der Not.› Solcherart gezwungen, eine Antwort zu geben, entgegnete Carletti, es wäre für ihn von Wichtigkeit, die Billigung, eines gerechten Mannes, etwa die Grimanis, zu finden, der bei dem Gespräch zugegen war. ‹Dann›, erwiderte Casanova, ‹bin ich zufrieden und vertraue mich blindlings der Garantie des Zeugen an.› Carletti übergab ihm sofort ein Papier, auf dem die Verpflichtungen Signor Spinolas aufgezeichnet waren und das dieser unterschreiben sollte.

Casanova eilte zu Spinola, erhielt seine Unterschrift, kehrte in das Haus Grimanis zurück und übergab Carletti das Papier mit der Bemerkung: ‹Ich habe meine Pflicht erfüllt; nun liegt es an Ihnen, Monsieur Carletti, die Ihrige zu erfüllen.›

Der Offizier nahm das Papier und fand es in Ordnung. ‹Es ist gut›, sagte er und fügte hinzu: ‹Es ist nur anständig, daß ich meine Schuld abtrage.› Und nachdem er einen Brief aus der Brieftasche gezogen hatte, übergibt er ihn Casanova, der ihn öffnet und sieht, daß es eine Empfangsbescheinigung über eine regelmäßige Zahlung ist, die gegen Spinolas Zahlungsverpflichtung verpfändet war. Casanova ist bestürzt und protestiert, daß dies nicht ihren Abmachungen entspräche ... Carletti dagegen sagte, daß er seinen Verpflichtungen nachgekommen sei und nicht glaube, in irgendeiner Weise sein Versprechen nicht gehalten zu haben. ‹Doch›, rief Casanova, wütend über eine solche Argumentation, ‹doch! Wenn man so handelt, bricht man sein Wort.› Carletti sprang daraufhin auf und wurde so zornig, daß er Casanova packte, ihn mißhandelte und mit Beschimpfungen überschüttete, die letzteren so außer sich brachten, daß er das Haus verlassen wollte. Aber er wurde daran von Grimani gehindert, der bisher kein einziges Wort geäußert hatte, obwohl er noch immer anwesend war. Er brach sein Schweigen, um Casanova zu befehlen, dazubleiben, und fügte hinzu: ‹Sie haben unrecht.› Casanova blieb, und Carletti fuhr fort, ihn in der übelsten und grausamsten Weise zu beschimpfen. Schließlich trennten sich die beiden, und die Affäre wurde zum Stadtgespräch. Die Meinungen waren geteilt: einige verteidigten Casanova, andere Carletti. Aber alle waren sich darüber einig, daß Casanova der größte Feigling sei, da er sich in aller Öffentlichkeit mit solcher provokanten Unverschämtheit hatte beleidigen lassen. Spinolas Sekretär wurde die Zielscheibe des allgemeinen Spotts, und die Häuser, in denen er bisher empfangen worden war, verschlossen ihm die Tür.»

Ein anonymer Zeitgenosse hat das Ereignis in diesem Bericht für uns bewahrt. Aufs Tiefste gedemütigt und gänzlich verzweifelt, suchte sich Casanova durch eine beißende Satire zu rächen und schrieb *Nè Amori, Nè Donne.* Unter der durchsichtigen Maske mythologischer Charaktere wird darin Carletti als bellender Hund dargestellt, Grimani unter dem Namen Alcide als unehelicher Bastard. Casanova war so blind in seinem Zorn, daß er entgegen besserer Einsicht sich selbst unter dem Namen Econeon als illegitimen Sohn von Carlos Vater, Michel Grimani, darstellte. Wahrscheinlich war er während des Streits als Bastard beschimpft worden und mag sich gesagt haben: Nun gut, jeder sagt, ich sei ein Bastard. Aber dann ist Carlo Grimani auch einer. Der Unterschied zwischen uns ist nur, daß ich mehr Recht auf den Namen Grimani habe als er.

Es ist im höchsten Grade unwahrscheinlich, daß das Werk zum Druck freigegeben worden wäre, wenn der Zensor seine Bedeutung beim ersten Lesen erkannt hätte. Als sein Sinn schließlich entdeckt wurde, erhob sich ein Sturm der Entrüstung gegen den Autor. Nach reiflicher Überlegung kam Casanova zu der Überzeugung, daß er sich einer ungeheuerlichen Taktlosigkeit schuldig gemacht hatte. In einer nie gedruckten Rechtfertigung gesteht er, unrecht gehabt zu haben, als er glaubte, daß die Veröffentlichung des Pamphlets den Makel auslöschen würde, mit dem er befleckt war, oder zumindest Grimani die Augen darüber öffnen würde, welches Unrecht ihm in seinem eigenen Haus angetan worden war, nachdem Grimani selbst die Garantie für die Rechte seines Gastes übernommen hatte. Neun Jahre später schrieb er sogar an Grimani und bat um Verzeihung für seinen *unverschämten Fehltritt*.

Vor dem Unwetter, das gegen ihn losgebrochen war, suchte er in Triest Zuflucht und hoffte, daß sich der Sturm bald legen würde. Seine Hoffnungen erfüllten sich nicht. Der Prokurator Lorenzo Morosini gab ihm brieflich den Rat, so schnell wie möglich die venezianische Republik zu verlassen. Casanova antwortete am 22. September 1782, daß er seine Abreise noch gern um einen Monat verschoben hätte, bis er Nachrichten von seinen Brüdern Francesco in Paris und Giovanni in Dresden erhalten habe, an die er sich in seiner Not gewandt hatte. Er fügte hinzu: *Ich bin achtundfünfzig Jahre alt, ich kann nicht zu Fuß gehen. Der Winter ist im Anzug, und wenn ich daran denke, wieder ein Abenteurer zu werden, muß ich bei einem Blick in den Spiegel lachen.* Aber er hatte keine andre Wahl. Am 17. Januar 1783 kehrte er kurz nach Venedig zurück, um der einzigen treuen Freundin Lebewohl zu sagen, die er noch besaß, Francesca Buschini, und brach nach Wien auf. Noch immer verzehrt von Bitterkeit, schmuggelte er heimlich einen anonymen Brief an die Staatsinquisitoren in den Briefsack des venezianischen Botschafters, worin er behauptete, daß Venedig am 25. Mai durch ein Erdbeben zerstört würde. Einem Bericht der französischen Botschaft in Venedig zufolge, rief der Brief eine solche Panik hervor, daß viele Patrizier aus der Stadt flohen. Als Casanova aus Wien noch einmal am 16. Juni 1783 nach Venedig zurückkehrte – vermutlich, um einige persönliche Habseligkeiten abzuholen –, war er klug genug, sich nicht lange aufzuhalten. Ohne seine Barke zu verlassen, umarmte er Francesca und nahm endgültig Abschied von ihr und von seiner Heimatstadt.

Casanova verließ Mestre am 24. Juni und reiste über Bassano, Innsbruck, Augsburg und Frankfurt nach Aachen. Dort traf er Catina, die Gattin jenes Pocchini, der für seine Ausweisung aus Wien im Jahre 1767 verantwortlich war. Obwohl er allen Grund zur Klage hatte, konnte er den Tränen nicht widerstehen, die sie über ihre elende Lage und die Krankheit ihres Gatten vergoß. Nachdem sie ihn jedoch in ihre nahegelegene Wohnung geführt hatte, verhärtete der Anblick seines alten Feindes sein Herz. Er lehnte die dringende Bitte Catinas um einen Dukaten ab und verabschiedete sich von Pocchini mit den bitteren Worten: *Adieu, ich wünsche Ihnen einen schönen Tod.* Ähnlich verhielt er sich wenig später in Paris, als die von ihrem Gatten verlassene Sara Goudar ihn um einen Besuch bat und er ihre flehentliche Aufforderung ignorierte.

Von Aachen fuhr er nach Spa, wo er sich einen Monat aufhielt. Eine Engländerin, die es liebte, sich auf lateinisch zu unterhalten, engagierte ihn dort als Reisebegleiter nach Amsterdam. Sie machte ihm den Vorschlag, vier Jahre lang mit ihr zu reisen, aber *beim Abendessen in Zaandam machte sie mir Tête-à-tête Angebote, die mich vor Angst erstarren ließen. Ich blieb eine halbe Stunde in tiefe Gedanken versunken. Nachdem ich mich gesammelt hatte, sagte ich zu ihr: ‹Gestatten Sie mir, Madame, Sie, sobald Sie in Ihr Hotel zurückgekehrt sind, zu verlassen, um Sie nie mehr wiederzusehen, und erlauben Sie, daß ich gehe, wohin es mir beliebt.› Diese eigenartige Frau antwortete nur in drei Wörtern auf lateinisch:* Sequere voluntatem tuam. *Sofort danach übergab sie mir einen Wechsel an ihren Bankier mit einer Zahlungsanweisung über 25 Guineas, worauf sie mich allein ließ.* Casanova setzte Abbate Lena in einem Brief vom 6. September 1783 von dem Vorkommnis in Kenntnis und fügte hinzu, er würde ihm zwar nie das Angebot entdecken, das er erhalten habe, aber *eines Tages werden Sie vielleicht durch ein großes Ereignis in der Lage sein, es herauszufinden.*

Er fuhr über den Haag, Rotterdam und Antwerpen und traf am 20. September in Paris ein. Ungewiß über seine weiteren Pläne, schrieb er an Lena, daß er sich bis Ende des Monats entschließen werde, ob er nach Madagaskar gehen sollte. Andernfalls würde er, ohne freilich für immer dort zu bleiben, nach Italien zurückkehren. In Paris fand er bei seinem Bruder Francesco im Louvre Zuflucht und blieb dort etwa drei Monate. Eine Woche hielt er sich in Fontainebleau auf, wo er einen Sohn von Louison O'Murphy durch Vermittlung eines französischen Offiziers kennenlernte, der Louison geheiratet hatte, als sie nicht mehr die Geliebte Ludwigs XV. war. *Er*

Sara Goudar

wußte überhaupt nichts von ihrer Geschichte, und ich hielt es nicht für angebracht, ihn aufzuklären. Casanova traf dort auch einen Sohn, den er von Madame Dubois hatte, ohne uns jedoch nähere Umstände darüber mitzuteilen. Wenn er auch nur noch wenige seiner alten Freunde in Paris fand, gelang es ihm doch, einige neue Bekanntschaften zu schließen. So begegnete er unter anderen dem berühmtesten in der Metropole weilenden Ausländer, dem verehrungswürdigen Benjamin Franklin, der den neuen amerikanischen Staat als diplomatischer Repräsentant vertrat. In einem Brief an Abbate Lena vom 28. November 1783 schrieb Casanova, er sei von *dem berühmten Amerikaner Franklin* eingeladen worden, der Eröffnungssitzung der Akademie der Wissenschaften beizuwohnen. Nähere Einzelheiten finden wir in *A Leonard Snetlage:*

Im November 1783 war ich in dem Raum des alten Louvre, in dem die Akademie der Wissenschaften und Schönen Literatur ihre Sitzung einige Tage nach dem Tod des erlauchten d'Alembert abhielt. Ich saß neben dem gelehrten Franklin und war etwas erstaunt, als Condorcet ihn fragte, ob es nach seiner Meinung möglich sei, einen Freiballon zu lenken. Er antwortete: ‹Diese Sache steckt noch in den Kinderschuhen, deshalb müssen wir abwarten.› Die Antwort überraschte mich.

Der große Gelehrte konnte doch unmöglich die Tatsache ignorieren, daß der Flugkörper nur eine Richtung nehmen kann, die einzig und allein vom Wind abhängt. Aber diese Leute nil tam verentur, quam ne dubitare aliqua de re videantur. *Franklin hätte freilich einem französischen Fragesteller nicht auf diese Weise geantwortet, wenn er unter Engländern gewesen wäre.*

Samaran hat herausgefunden, daß die Sitzung am 23. November 1783 stattfand. Ein Mitglied der Akademie referierte damals über den gerade gelungenen Aufstieg der Montgolfière. Die Experimente der Brüder Montgolfier hatten größtes Interesse gefunden, unter anderem das Franklins, dessen Ansicht über die Zukunft der Ballonfahrt bereits im «Mercure de France» vom September 1783 diskutiert worden war:

«Monsieur Franklin hat denjenigen eine glänzende Antwort gegeben, die dauernd fragen: Wozu soll das gut sein? Welchen praktischen Nutzen können wir daraus ziehen? Meine Herren, erwiderte der profunde Denker, die Sache steckt noch in den Kinderschuhen. Vielleicht entwickelt sie sich zu einem Idioten oder zu einem hochtalentierten Mann. Warten wir ab, bis die Erziehung vollendet ist, bevor wir urteilen.»

Franklin gehörte zu den Unterzeichnern des Sitzungsprotokolls der Akademie der Wissenschaften. Wir müssen Casanova dankbar sein, daß er uns die wertvollen Einzelheiten über diese historische Sitzung überliefert hat, aber es ist zu bedauern, daß er uns nicht seine Meinung über die Zukunft der Luftschiffahrt verrät. Wir wissen freilich, daß er nicht genügend Vertrauen besaß, um im nächsten Jahr in Wien selbst einen Ballonaufstieg mitzumachen.

Am 13. November, als er noch in Fontainebleau war, erhielt Casanova einen Paß vom venezianischen Botschafter und reiste am 24. November in Begleitung seines Bruders Francesco von Paris nach Wien ab. Sie machten einen Umweg über Dresden und trafen am 17. Dezember in Wien ein. Francesco gewann die Protektion des Fürsten Kaunitz, während Giacomo trotz der winterlichen Kälte zu einer zweiundsechzigtägigen Reise nach Dresden, Berlin und Prag aufbrach – vermutlich, um irgendwo eine Anstellung zu finden. Ohne seine Absicht erreicht zu haben, kehrte er Mitte Februar 1784 nach Wien zurück und konnte sich glücklich schätzen, als er dort als Sekretär des venezianischen Botschafters Sebastian Foscarini angestellt wurde, *um seine Depeschen zu schreiben.* Der Botschafter vertraute ihm später noch andere Aufgaben an, bei denen Casanova seine glänzende Begabung als Pamphletist unter Beweis stellte.

Premislaus Zanowitsch, der 1771 mittelbar an Casanovas Ausweisung aus Florenz schuldig war, hatte im darauffolgenden Jahr zusammen mit seinem Bruder die holländischen Kaufleute Chomel und Jordan um eine große Summe bei einem betrügerischen Handelsgeschäft geprellt, wobei er auch das Vertrauen eines venezianischen

Ballonaufstieg in Paris, 1. Dezember 1783

Diplomaten, Cavalli, mißbraucht hatte. Als die Republik Venedig, der die Zanowitschs untertan waren, es ablehnte, die holländischen Kaufleute zu entschädigen, erklärte Holland dem Freistaat am 9. Januar 1784 den Krieg. Die venezianische Regierung beauftragte daraufhin ihren Botschafter Foscarini, mit dem holländischen Gesandten in Wien Kontakt aufzunehmen, um eine gütliche Einigung zu erreichen. Die Feindseligkeiten wurden so lange ausgesetzt und ein Konflikt schließlich durch die Intervention des Kaisers Joseph II. vermieden. Während diese Verwicklungen noch in ihrem kritischen Stadium waren, mischte sich Casanova ein, dem der Botschafter die Akten über die Affäre zur Einsicht überlassen hatte, und verfaßte eine *Lettre Historico-Critique,* die unter dem 12. Mai 1784 anonym veröffentlicht wurde. Er verteidigte darin den venezianischen Diplomaten und stellte jede Verantwortlichkeit der Republik Venedig für den Betrug der Zanowitschs in Abrede. Eine Anzahl unsignierter Artikel über dasselbe Thema lieferte Casanova zwischen dem 22. Januar und dem 25. Februar 1785 an den «Osservatore Triestino». Kurz danach veröffentlichte er drei weitere anonyme Pamphlete: *Exposition raisonnée, Lettre à Messieurs Jean et Etienne L.* [uzac] (die Herausgeber der «Gazette de Leyde», die den offiziellen holländischen Standpunkt vertreten hatten) und schließlich *Supplement à l'Exposition raisonnée.* Voller Rachsucht und getragen von dem Wunsch, sich der venezianischen Regierung angenehm zu machen, demaskierte Casanova die Brüder Zanowitsch und verteidigte lebhaft den venezianischen Standpunkt. Holland verzichtete schließlich auf den Schadenersatz von 4000 Gulden, Cavalli wurde aus dem venezianischen Dienst entlassen und die Brüder Zanowitsch für immer aus Venedig verbannt. In einem Brief an Francesca Buschini vom 20. März berichtet Casanova von einer Reise, die er im März 1784 unternommen hatte, um Joseph II. auf seiner Rückkehr aus Italien zu treffen. Höchstwahrscheinlich stand sie im Zusammenhang mit der Vermittlerrolle, die der Kaiser schließlich bei der Beilegung des Streites übernahm.

Während dieser Zeit erneuerte Casanova seine Verbindungen zu Lorenzo Da Ponte, dem Librettisten Mozarts, dessen Bekanntschaft er zuerst 1777 in Venedig durch Pietro Zaguri gemacht hatte. Da Ponte hatte dem Senator eine Zeitlang als Sekretär gedient. In seinen eigenen «Memoiren», die zuerst 1823 bis 1827 ungekürzt in New York erschienen, erzählt uns Da Ponte von den intimen Gesprächen, die er mit Casanova führte. «Manchmal bei Zaguri und manchmal bei Memmo, die beide das Gute an ihm liebten und ihm das Böse verziehen und mich das gleiche lehrten. Und selbst jetzt weiß ich nach reiflicher Überlegung nicht, nach welcher Seite sich die Waage bei ihm neigte. Kurz bevor ich Venedig verließ, überwarf er sich mit mir wegen einer lächerlichen Kontroverse über lateinische Prosodie. Dieser einzigartige Mann konnte es nie ertragen, im Unrecht zu sein.»

Sie trafen sich 1783 oder 1784 in Wien wieder. Als sie zusammen über den Graben schlenderten, war Da Ponte Zeuge einer Begegnung Casanovas mit seinem früheren Sekretär Costa, der dreiundzwanzig Jahre zuvor mit den für Casanova bestimmten Geschenken Mme. d'Urfés durchgebrannt war. Casanova warf sich auf Costa, aber Da Ponte mischte sich ein und «zog ihn fast gewaltsam aus dem Handgemenge». Während Casanova ihm die Geschichte von Costas Verrat erzählte, war dieser in ein Café gegangen, von wo er Casanova Verse schicken ließ, in denen es unter anderem hieß: «Du hast gestohlen, ich hab betrogen; du warst der Meister, ich der Schüler.»

«Diese Verse hatten eine gute Wirkung. Nach kurzem Schweigen lachte Casanova und flüsterte mir ins Ohr: ‹Der Schlingel hat recht.› Er betrat das Café und bedeutete Costa, herauszukommen. Sie gingen friedlich zusammen fort, als ob nichts geschehen wäre, und beim Abschied schüttelten sie sich, allem Anschein nach heiter und freundschaftlich, die Hand. Casanova kam zu mir zurück mit einer Kamee am kleinen Finger, die durch einen seltenen Zufall gerade Merkur darstellte, den Schutzgott der Diebe. Das war auch beinahe ihr einziger Wert. Die Kamee war alles, was von der riesigen Beute übriggeblieben war, und sie paßte genau zum Charakter der glücklich versöhnten Freunde. Ich werde bald Gelegenheit haben, wieder von diesem Menschen zu sprechen, in dem sich das Gute und das Böse auf so außerordentliche Weise miteinander verbanden.»

Es besteht die Möglichkeit, daß Casanova an Da Pontes Libretto von Mozarts großer Oper «Don Giovanni» mitarbeitete, die am 29. Oktober 1787 in Prag uraufgeführt wurde. In seinen «Rokokobildern» (Lindau 1876) beschreibt Alfred Meißner, gestützt auf Aufzeichnungen seines Großvaters, des Prager Professors und Historikers G. A. Meißner (1753–1807), eine Begegnung zwischen Casanova und Mozart, als letzterer am 27. Oktober 1787, in einem Zimmer eingeschlossen, die Ouvertüre zu seinem Werk beendete, dessen Generalprobe am folgenden Tag stattfinden sollte. Wie Meißner behauptet, war auch Da Ponte anwesend. Das ist aber unmöglich, da er gerade zur fraglichen Zeit nach Wien gerufen wurde. Meißner hat die Hypothese aufgestellt, daß Da Ponte vor seiner Abreise Casanova gebeten hat, dem Libretto den letzten Schliff zu geben. Darüber besitzen wir jedoch nur eben sein Zeugnis. Sicher wissen wir bloß, daß Casanova bereits am 25. Oktober in Prag war, wie aus einem Brief des Grafen Lamberg an Opitz vom 4. November 1784 hervorgeht. Meißners Bericht wurde allerdings erhärtet, als man unter Casanovas

Lorenzo Da Ponte

Papieren zwei Manuskriptblätter von seiner Hand mit einer Überarbeitung der Szene nach dem Sextett im 2. Akt des «Don Giovanni» fand. Dieser Text erscheint nicht in der endgültigen Partitur Mozarts, so daß wir auf Vermutungen angewiesen sind, welchen Anteil er an einem Werk hatte, das in vieler Hinsicht sein eigenes Leben widerspiegelt. Solche Autoritäten wie Edward J. Dent, Paul Nettl und Marcia Davenport vertreten übereinstimmend die Auffassung, daß Casanova am Libretto tatsächlich mitgearbeitet hat — in welchem Maße läßt sich heute nicht mehr bestimmen.

Da Ponte besuchte Casanova 1792 auf seiner Hochzeitsreise in Dux, um eine gewisse Summe einzutreiben, die dieser ihm schuldete. Als er jedoch sah, daß Casanovas Börse noch magerer war als seine eigene, hatte er nicht das Herz, ihn zur Zahlung zu drängen. Beim Abschied entschloß sich Casanova, das Paar bis zu dem wenigen Meilen entfernten Töplitz zu begleiten. Da Ponte mußte dort seinen Wagen durch einen anderen ersetzen, und Casanova, der als Makler fungierte, «zahlte das Geld aus und behielt selbst nur zwei Zechinen». Da Pontes Gattin «war geblendet von der Lebhaftigkeit, der Beredsamkeit, der unverwüstlich guten Laune und all den anderen Eigenschaften dieses außerordentlichen alten Mannes». Ein Briefwechsel zwischen ihnen, der sich über die Jahre 1791—1795 erstreckte, läßt eine hohe Wertschätzung Da Pontes für Casanova erkennen und steht damit in einem bemerkenswerten Gegensatz zu den etwas säuerlichen und häufig falschen Bemerkungen, die Da Ponte in seinen «Memoiren» über Casanova macht. In einem der Briefe aus dem Jahre 1793 schrieb ihm Da Ponte «in Versen, wobei ich ein ergreifendes Bild von meinen Verhältnissen zeichnete und ihn um etwas Geld bat. Aber er achtete nicht darauf und antworetet in ausgezeichneter Prosa. Sein Brief begann: *Als Cicero an seine Freunde schrieb, sprach er nie über Geschäfte!*»

Irgendwann im Februar 1784 besuchte Casanova ein Diner, das der Botschafter Foscarini gab. Unter den Gästen befand sich Graf Joseph Karl von Waldstein, ein Nachkomme des großen Wallenstein. Noch keine dreißig Jahre alt, Kammerherr des Kaisers, Herr des Schlosses von Dux mit einer Bibliothek von vierzigtausend Bänden, dem Pferderennen und dem Spiel ergeben, war Waldstein wie Casanova Freimaurer und Okkultist und fühlte sich mit ihm verbunden. Sein Onkel, der Fürst de Ligne, hat ihre erste Begegnung folgendermaßen beschrieben: «Mein Neffe fühlte sich von ihm angezogen, als sie zusammen beim venezianischen Botschafter dinierten. Da er vorgab, an Magie zu glauben und sie auszuüben, sprach er von den Schlüsseln Salomos, von Agrippa usw ... und mit allen diesen Dingen schien er völlig vertraut zu sein.

‹Wem erzählen Sie das?› rief Casanova aus. ‹O! che bella cosa, cospetta! Das kenne ich alles ganz genau.›

‹Dann›, sagte Waldstein, ‹kommen Sie mit mir nach Böhmen. Ich fahre morgen ab.›»

Casanova zögerte, um so mehr, da er gerade in Foscarinis Dienste getreten und überdies mit einem jungen Mädchen liiert war, *die ich, wenn mein Schutzengel mich nicht davor bewahrt hätte, törichterweise geheiratet hätte.* Sie war nicht seine einzige Liebe; es gab auch noch eine gewisse Kaspar, die später die Geliebte des Kaisers wurde.

Nach dem Tode Foscarinis, am 23. April 1785, war Casanova wieder den Launen des Schicksals preisgegeben. Da ein alter Freund, Comte Fabris, ihn nicht als Sekretär einstellen wollte, spielte Casanova für kurze Zeit mit dem Gedanken, Mönch zu werden. Er gab den Plan jedoch wieder auf und entschloß sich, nach Berlin zu gehen, wo er hoffte, Mitglied der Königlichen Akademie zu werden. Am 30. Juli war er in Brünn mit einem Empfehlungsbrief Lambergs an den Časlauer Finanzinspektor und Mathematiker J. F. Opitz. Lamberg erkundigte sich bei Opitz in einem Brief vom 5. August: «Haben Sie diesen außerordentlichen Mann ergründet? Außer dem Alchimisten Saint-Germain kenne ich kaum einen Menschen, der sich mit ihm an Wissen und allgemein an Intelligenz und Phantasie messen könnte.»

Opitz antwortete, daß Casanova sich nur für kurze Zeit in Brünn aufgehalten habe und ungeduldig gewesen sei, die Fürstin Lubomirska in Karlsbad zu treffen. Er fügte hinzu, er halte ihn für «einen Mann, der unseren Respekt und unsere Zuneigung verdient, — ein gütiger Philosoph, der das große Universum, unseren irdischen Planeten (neben dem venezianischen Staat) zu seiner Heimat gemacht hat».

Nachdem er sich mit dem Gedanken befreundet hatte, seine letzten Tage in Dux zu verbringen, fuhr Casanova von Karlsbad nach Töplitz, wo er den Grafen Waldstein fand. Das Angebot, das dieser ein Jahr zuvor gemacht hatte, wurde offensichtlich erneuert, denn Casanova begleitete Waldstein nach Dux, wo er eine Stellung als Bibliothekar des Grafen mit einem jährlichen Gehalt von tausend Gulden annahm.

Die folgenden dreizehn Jahre zeichneten sich durch eine beinahe unerträgliche Langeweile und eine wachsende Traurigkeit über das nahende Greisenalter aus. De Ligne hat uns ein unnachahmliches Porträt von jenen letzten Jahren gegeben:

«Es gab keinen Tag, an dem er sich nicht über seinen Kaffee, seine Milch oder den Teller Makkaroni beschwerte, den er täglich verlangte. Der Koch hatte ihm keinen Maisbrei bereitet, der Stallknecht hatte ihm, als er mich besuchen wollte, einen schlechten Kutscher gegeben, die Hunde hatten in der Nacht gebellt. Unerwartete Gäste hatten ihn gezwungen, an einem Nebentisch zu essen. Ein Jagdhorn hatte sein Ohr durch Dissonanzen verletzt. Der Pfarrer hatte ihn dadurch verärgert, daß er ihn bekehren wollte. Der Graf hatte ihm nicht als erster guten Morgen gewünscht. Die Suppe war ihm absichtlich zu heiß serviert worden. Ein Diener hatte ihn auf ein Getränk warten lassen. Er war einem berühmten Besucher nicht vorgestellt worden,

Schloß und Kirche zu Dux

Graf Waldstein

der die Lanze sehen wollte, mit der der große Wallenstein ermordet wurde. Der Graf hatte ein Buch verliehen, ohne ihn davon zu verständigen. Ein Diener hatte nicht den Hut gezogen, als er an ihm vorüberging. Als er Deutsch sprach, hatte kein Mensch ihn verstanden. Er war ärgerlich geworden, und jemand hatte gelacht. Er hatte seine französischen Verse vorgezeigt, und jemand hatte gelacht. Er hatte gestikuliert, als er italienische Verse vortrug, und jemand hatte gelacht. Er hatte beim Betreten eines Raumes die Verbeugung ge-

Fürst Charles de Ligne

macht, die ihm von dem berühmten Tanzlehrer Marcel vor sechzig Jahren beigebracht worden war, und jemand hatte gelacht. Er hatte beim Menuett einen komplizierten Schritt ausgeführt, den er früher auf jedem Ball getanzt hatte, und jemand hatte gelacht. Er hatte sich mit seiner weißen Feder, seinem seidenen, mit Gold bestickten Anzug, seiner Weste von schwarzem Samt, seinen mit Bergkristallschnallen besetzten Strumpfbändern und seinen seidenen Strümpfen in Gala geworfen, und jemand hatte gelacht. ‹Cospetto›, schrie er. ‹Abschaum, der ihr seid, ihr seid alle Jakobiner, ihr habt alle keinen Respekt vor dem Grafen, und der Graf hat keine Achtung vor mir, daß er euch nicht bestraft.›»

Sein dauernder Verdruß wurde nur durch den gelegentlichen Besuch eines alten Freundes und durch verschiedene kurze Reisen besänftigt. 1787 fuhr er nach Prag, 1788 nach Leipzig und Dresden, 1791 abermals nach Prag zur Krönung Josephs II., wo er Leonildas Sohn und vielleicht seinen eigenen Enkel traf, und im Herbst 1795 für sechs Wochen nach Thüringen. Darüber schreibt de Ligne:

«Gott gab ihm ein, um Empfehlungsbriefe an den Herzog von Weimar zu bitten..., und er verschwand heimlich, nachdem er einen zugleich sanften, stolzen, ehrlichen und wütenden Brief an Graf Waldstein geschrieben hatte. Waldstein lachte und sagte, er würde wiederkommen. Casanova wartete in Vorzimmern; keiner wollte ihn haben, weder als Erzieher, noch als Bibliothekar oder noch als Hofmeister... Der ausgezeichnete und sehr liebenswürdige Herzog von Weimar hieß ihn herzlich willkommen, aber er wurde sofort auf Goethe und Wieland eifersüchtig... In Berlin wetterte er gegen die Unwissenheit, den Aberglauben und die Schurkerei der Juden, bei denen ich ihn eingeführt hatte, lebte inzwischen von dem Geld, das sie ihm vorschossen, und zog Wechsel auf den Grafen, der darüber lachte, bezahlte und ihn umarmte, als er zurückkehrte.»

Um der drückenden Langeweile in Dux zu entgehen, vergrub er sich in seine Gedanken und brachte sie schließlich zu Papier. Einige seiner Manuskripte ließ er in Prag drucken, aber die meisten von ihnen, die sich mit einer erstaunlichen Vielzahl von Themen befassen, mit literarischen, historischen, philosophischen und mathematischen, blieben unveröffentlicht unter der Masse von Papieren, die er nach seinem Tode hinterließ. *Soliloque d'un penseur*, eine Polemik gegen Abenteurer im allgemeinen und gegen Cagliostro im besonderen, erschien 1786. Im nächsten Jahr folgte die *Histoire de ma fuite* und 1788 *Icosaméron*, ein fünfbändiger fiktiver Reisebericht zum Mittelpunkt der Erde. Dieser Roman spiegelt eine außergewöhnliche Vor-

Casanovas Arbeitszimmer in Dux

Diese Tafel an der Mauer der St. Barbara-Kapelle wurde zu Beginn des 19. Jahrhunderts als Gedenkstein angebracht, weil man schon damals nicht mehr wußte, wo Casanova begraben liegt

stellungskraft wider, die nicht nur das Auto, die Telegraphie, das Fernsehen und das Flugzeug prophetisch vorwegnahm, sondern auch das Giftgas. Casanova war tief enttäuscht, als er für die dreihundertfünfzig gedruckten Exemplare nur hundertsechsundfünfzig Subskribenten finden konnte. Sein ruheloser Geist war daneben mit dem Problem der Verdoppelung des Würfels beschäftigt, an dem er seit 1760 arbeitete. Casanova veröffentlichte 1790 drei Pamphlete über dieses Thema, das bereits viele Gelehrte vom Altertum bis zu Descartes und Newton, gefesselt hatte. Obgleich er keine völlige Lösung des Problems fand, kam er ihr näher als jeder vor ihm, wie ein hervorragender französischer Mathematiker, Charles Henry, bezeugt. Neben dieser intensiven Tätigkeit, fand er noch Zeit, eine ausgedehnte Korrespondenz zu führen, und bemühte sich mit jener Ritterlichkeit, die er nie verlor, die verwaiste Tochter eines Freundes, Cäcilie von Roggendorf, vorteilhaft zu verheiraten. Die Briefe, die er an sie schrieb, reflektieren eine moralische Sauberkeit und Vornehmheit des Geistes, die im scharfen Gegensatz steht zu jenem Zynismus, den wir manchmal in den *Memoiren* finden.

Der Duxer Friedhof, auf dem Casanova an unbekannter Stelle ruht

Mindestens seit 1780 trug er sich mit dem Gedanken, eine Geschichte seines Lebens zu schreiben. 1790 begann er, ihn in die Tat umzusetzen. Immer wieder überarbeitete er das Manuskript bis kurz vor seinem Tode, dauernd hin- und hergerissen zwischen dem Wunsch, die Blätter zu verbrennen, und dem, sie als zeitloses Denkmal seiner irdischen Pilgerfahrt bestehen zu lassen. Die Ansicht aller Freunde, die das Manuskript lesen durften, und schließlich auch sein eigenes Urteil ermutigten ihn, sich für das letztere zu entscheiden. In einem Brief an Carlo Grimani vom 8. April 1791 gibt er vertrauensvoll seiner Meinung Ausdruck daß man die *Memoiren ohne Zweifel in alle Sprachen übersetzen wird,* obgleich er am 27. Juli 1792 an Opitz schrieb, daß der *Zynismus* der Erinnerungen *so verletzend* sei, daß man ihre Lektüre *in allen Ländern, in denen man anständige Sitten liebt,* verbieten würde. Er hatte mit beiden Vermutungen recht: Die *Memoiren* sind in mehr als zwanzig Sprachen übersetzt worden, unter anderem ins Japanische, Arabische und Bengalische, und stehen heute in Spanien und Portugal auf dem Index. Die Umstände ihrer Veröffentlichung sind wohl einmalig in der Literaturgeschichte: erst 160 Jahre nach dem Tod des Autors wurde 1960 der französische Originaltext der *Memoiren* dem Publikum durch den deutschen Verlag Brockhaus zugänglich gemacht, der 1821 das Manuskript für die lächerliche Summe von 200 Talern gekauft hatte. 138 Jahre lang erschienen die *Memoiren* nur in überarbeiteten oder verstümmelten Ausgaben. Doch das gehört weniger in einen Bericht über Casanovas Leben als in eine Auseinandersetzung über das Werk selbst, zu der jetzt erst die Grundlage geschaffen ist.

Nachdem er 1797 sein letztes Werk, *A Leonard Snetlage*, eine Sammlung lexikographischer Bemerkungen und persönlicher Erinnerungen, veröffentlicht hatte, erkrankte Casanova Anfang Februar 1798 an einem schweren Blasenleiden. Sein angeheirateter Neffe Carlo Angiolini saß an seinem Bett, und ihm vermachte er vier seiner vielen Manuskripte: die *Memoiren*, eine Studie über den Gregorianischen Kalender und zwei Essays über Sitten, Wissenschaften und Künste. Im März 1789 hatte er Graf Waldstein das Eigentumsrecht über alle seine Papiere verkauft, aber da die *Memoiren* und die anderen Manuskripte später geschrieben sind, glaubte er vermutlich, über sie frei verfügen zu können.

Casanova starb am 4. Juni 1798 im Alter von dreiundsiebzig Jahren, zwei Monaten und zwei Tagen. Nach de Ligne waren seine letzten Worte: *Ich habe als Philosoph gelebt und sterbe als Christ.* Er wurde auf dem Friedhof von St. Barbara in Dux begraben. Eine Gedenktafel außen an der Kirchhofsmauer lautet: JAKOB / CASANOVA / VENEDIG 1725 / DUX 1798. Im Jahre 1922 wurde ein Grabstein mit der Inschrift «Casanova – MDCCLXXXXIX» auf dem Friedhof gefunden – vielleicht der 1799 errichtete Gedenkstein –, aber man fand keine Spur von seinen sterblichen Überresten. Er brauchte kein künstliches Denkmal. Sein Name ist in fast jeder Sprache zum Begriff geworden – eines der wenigen Beispiele in der Geschichte, daß ein Familienname die Vorstellung eines Menschentyps verkörpert. Er war jedoch tatsächlich viel mehr als ein «Casanova», indem er in so vieler Hinsicht jenes außerordentliche Jahrhundert personifiziert, in dem er lebte. Es ist ein Beweis für seine Größe, daß die *Memoiren* – eines der vollkommensten Gemälde, das je von einem Zeitalter entworfen wurde – ihm selbst in der verfälschten Form, in der sie vor 1960 erschienen, ewigen Ruhm geschenkt haben.

Zeittafel

1725	Giacomo Casanova am 2. April in Venedig geboren.
1734—1739	Als Student in Padua.
1739—1742	In Venedig. Gelegentlicher Aufenthalt in Padua und Paseano. Empfängt am 14. Februar 1740 die Tonsur und am 22. Januar 1741 die vier niederen Weihen. Promoviert 1742 zum Doktor der Rechte. Im März 1752 Zögling des Seminars von San Cipriano.
1742—1743	Von August 1742 bis März 1743 möglicherweise mit da Riva auf Korfu. Am 18. März 1743 Tod der Großmutter. Von Ende März bis 27. Juli 1743 als Gefangener im Fort Sant' Andrea in Venedig. Verläßt Venedig am 18. Oktober mit da Lezze. Bis Ende November unter Quarantäne in Ancona. Kommt am 9. Dezember nach Rom, am 14. Dezember nach Neapel und Ende 1743 nach Martirano.
1744	Vielleicht Aufenthalt in Venedig bis Ende April. Trifft, aus Neapel kommend, am 31. Mai in Marino ein. Tritt im Juni in den Dienst des Kardinals Acquaviva in Rom.
1745	Wird im März von Acquaviva entlassen. Begegnet kurz darauf Bellino. Am 20. März in Pesaro, am 22. März in Rimini. Kehrt am 2. April nach Venedig zurück. Schifft sich nach Korfu ein, besucht Konstantinopel, kehrt über Korfu zurück nach Venedig.
1746	Wird Geiger. Begegnet am 21. April Bragadino, der ihn in seinem Palast unterbringt. Im Dienste des Notars Leze.
1749	Zu Beginn des Jahres Abreise aus Venedig nach Mailand und Mantua. Begegnet im Juli Henriette in Cesena. Begleitet sie nach Parma und Genf.
1750	Kehrt nach Venedig zurück, wo er für zwei Monate (April und Mai) bleibt. Reist am 1. Juni nach Paris ab und trifft dort Mitte August ein.
1750—1752	In Paris. Reist Mitte Oktober nach Dresden ab.
1753	Dresden, Prag u. Wien. Am 29. Mai Rückkehr nach Venedig.
1753—1756	Intrige mit C. C., M. M. und de Bernis. Wird in der Nacht vom 25. auf den 26. Juli 1755 verhaftet und in die Bleikammern geschafft. Entflieht am 1. November 1756 und geht zum zweiten Mal nach Paris.
1757	Trifft am 5. Januar in Paris ein. Von August bis September in geheimer Mission in Dünkirchen. Wird zum Direktor der französischen Lotterie ernannt. Begegnet seiner Wohltäterin Mme. d'Urfé.
1758	Am 14. Oktober in geheimer französischer Finanzmission nach Holland.
1759	Kehrt am 7. Januar nach Paris zurück. Wird am 23. August wegen Schulden im Fort-l'Evêque gefangen gesetzt und am 25. August wieder entlassen. Reist wenige Tage später abermals in geheimer französischer Finanzmission nach Holland.

1760 Begegnet dort Saint-Germain. Nach Fehlschlag der Mission reist er im Februar nach Köln, wo er am 25. Februar auf Grund falscher Anschuldigungen verhaftet, wieder freigelassen und später völlig rehabilitiert wird. Der Kurfürst schenkt ihm eine goldene Schnupftabakdose. Wird in Stuttgart wegen Spielschulden verhaftet. Entflieht am 2. April nach Zürich. Von Ende April bis Ende Mai in Solothurn. Besucht Voltaire Anfang Juli. Begegnet Ende Juli Mlle. de Roman in Grenoble. Nach Avignon, Marseille, Toulon, Antibes, Nizza, Genua, Florenz und Rom.

1761 Besucht Neapel, Rom, Florenz, Modena und Parma. Hält sich von Mitte März bis Mitte Mai in Turin auf und bekommt von Gama den Auftrag, Portugal beim Augsburger Kongreß zu vertreten. Reist über Chambery, Lyon, Paris, Chalons, Straßburg und München nach Augsburg, wo er von Ende August bis Mitte Dezember bleibt. Über Konstanz und Basel nach Paris.

1762 Verläßt am 25. Januar Paris, um die Wiedergeburt Mme. d'Urfés in Pont carré und Aachen ins Werk zu setzen. Von dort nach Metz, Kolmar, Sulzbach, Basel, Genf, Lyon, Chambery und Turin. Wird Anfang November aus Turin ausgewiesen und wartet in Genf und Chambery auf die Erlaubnis, zurückkehren zu dürfen.

1763 Kehrt Anfang Januar nach Turin zurück. Von dort nach Mailand. Am 20. März Abreise nach Genua. Verläßt Genua am 7. April und trifft am 15. April in Marseille ein, wo er einen zweiten Versuch zur Wiedergeburt Mme. d'Urfés unternimmt. Reist am 11. Mai aus Marseille ab, fährt nach Lyon und von dort nach Paris, wo er Ende des Monats eintrifft. Am 7. Juni Abreise aus Paris, am 13. Juni Ankunft in London. Begegnet Pauline und der Charpillon.

1764 Muß wegen Schulden am 11. März aus London fliehen. Begegnet Saint-Germain in Tournay. Vom 10. April bis 18. Mai zur Genesung in Wesel. Vom 12. bis 20. Juni in Wolfenbüttel. Von Ende Juni bis Mitte September in Berlin, wo er Friedrich den Großen trifft und eine von ihm angebotene Stellung ablehnt. Kommt am 20. Oktober in Riga und am 21. Dezember in Petersburg an.

1765 Besucht Moskau und begegnet Katharina der Großen. Reist Mitte September nach Warschau ab, wo er am 10. Oktober eintrifft.

1766 Am 5. März Duell mit Branicki. Verliert die Gunst des Königs und reist am 8. Juli aus Warschau ab. Über Breslau nach Dresden, wo er sich bis zum 16. Dezember aufhält, um von dort nach Wien zu fahren.

1767 Ende Januar Ausweisung aus Wien. Nach Augsburg, Schwetzingen, Mannheim, Mainz, Köln und Spa, wo er vom 1. August bis Ende September bleibt. Kehrt Anfang Oktober nach

Paris zurück. Eine lettre de cachet Ludwigs XV. zwingt ihn, am 19. November nach Spanien abzureisen.

1768 Wegen illegalen Waffenbesitzes vom 20. bis 22. Februar im Buen Retiro, Madrid, gefangen gesetzt. Verläßt Madrid am 13. September. Besucht Saragossa, Valencia und Barcelona. Intrige mit der Geliebten des Gouverneurs und Gefangenschaft vom 16. November bis 28. Dezember.

1769 Über Perpignan, Narbonne, Montpellier und Nîmes nach Aix-en-Provence, wo er von Ende Januar bis 26. Mai bleibt und den Marquis d'Argens trifft. Über Marseille, Antibes, Nizza, Tenda und Turin nach Lugano. Vom 8. Juli bis Ende Dezember beaufsichtigt er die Drucklegung seiner *Confutazione.*

1770 Verläßt Turin am 15. März und reist nach Parma, Bologna, Florenz und Livorno. Er bietet Orloff seine Dienste an und wird abgewiesen. Nach Pisa und Florenz (10.—29. April), Rom (Mitte Mai bis 10. Juni), Neapel (bis Mitte August), Salerno (Anfang September) und abermals nach Rom (Mitte September). Erneuert die Freundschaft mit de Bernis.

1771 Verläßt Rom im Juli und reist nach Florenz, wo er Ende Dezember ausgewiesen wird. Trifft am 30. Dezember in Bologna ein.

1772 Verläßt Bologna Ende September. Von Anfang Oktober bis 14. November in Ancona. Läßt sich am 15. November in Triest nieder.

1772—1774 In Triest. Am 14. September 1774 Beendigung des Exils und Rückkehr nach Venedig.

1774—1783 In Venedig. Er widmet sich schriftstellerischen Arbeiten und wird Theaterdirektor. Ende 1776 tritt er als Geheimagent in den Dienst der Inquisition. 1779 Verbindung mit Francesca Buschini. 1782 Veröffentlichung von *Nè Amori, Nè Donne.* Der dadurch heraufbeschworene Sturm zwingt ihn, Venedig am 17. Januar 1783 zu verlassen.

1783 Nach Wien und am 16. Juni ein letztes Mal für wenige Stunden nach Venedig. Von dort über Innsbruck, Augsburg und Frankfurt nach Aachen und Spa. Nach einmonatigem Aufenthalt über den Haag, Rotterdam und Antwerpen nach Paris, wo er vom 20. September bis 24. November bleibt. Trifft am 7. Dezember in Wien ein. Von dort nach Dresden, Berlin und Prag.

1784 Kehrt Mitte Februar nach Wien zurück und tritt als Sekretär in den Dienst des venezianischen Botschafters. Erneuert die Bekanntschaft mit Lorenzo Da Ponte. Trifft Graf Waldstein, der ihm eine Stellung anbietet.

1785 Nach dem Tod des venezianischen Botschafters am 23. April 1785 und vergeblichen Versuchen, in Berlin eine Anstellung zu finden, nimmt er im September das Angebot Waldsteins an und wird Bibliothekar in Dux.

1792 Beendet die erste Fassung der *Memoiren*, die er spätestens 1790 begonnen hatte.

1798 Casanova stirbt am 4. Juni in Dux.

1820 Am 13. Dezember wird dem Verlag F. A. Brockhaus in Leipzig das Manuskript der *Memoiren* angeboten.

1821 Am 18. Januar erwirbt Brockhaus das Manuskript von Carlo Angiolini für 200 Taler. Ende des Jahres erscheinen Auszüge der *Memoiren* in deutscher Übersetzung in der «Urania».

1960 Am 21. April Beginn der ersten einwandfreien Veröffentlichung des Originaltextes der *Memoiren* durch F. A. Brockhaus, Wiesbaden, und Plon, Paris. Die Ausgabe wurde 1962 mit Band 6 abgeschlossen.

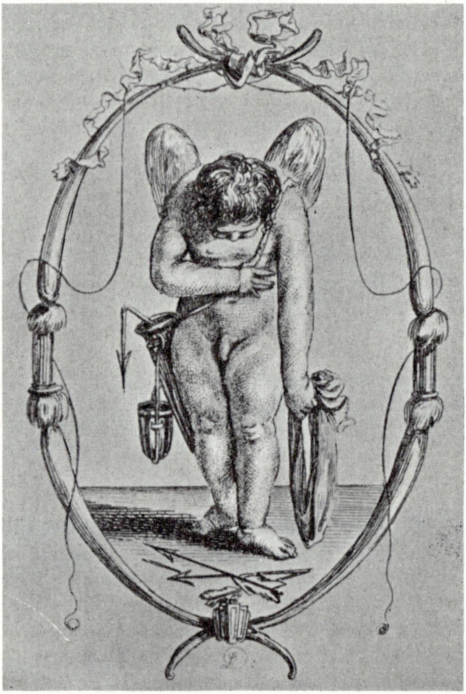

FÜRST CHARLES DE LIGNE

Versäumt nicht, ihm eure Verbeugung zu machen, denn um ein Nichts wird er euer Feind werden; seine wunderbare Phantasie, das lebhafte Temperament seiner Heimat, seine Reisen, die vielen Berufe, die er nacheinander ergriffen hat, die Charakterstärke, womit er es erträgt, daß er jetzt alle einstigen körperlichen Vorzüge und sonstigen Eigenschaften entbehren muß: dies alles macht aus ihm einen seltenen Mann, dessen Bekanntschaft ein köstliches Gut ist. Und so ist er würdig der Achtung und großen Freundschaft von seiten der sehr kleinen Zahl von Personen, die vor seinen Augen Gnade finden. *Oeuvres. Vol. 15. 1807*

HEINRICH HEINE

Meiner Geliebten möchte ich [die Memoiren von Casanova] nicht empfehlen, aber allen meinen Freunden. Italienische Sinnlichkeit haucht aus diesem Buch schwül entgegen. Der Held desselben ist ein lebenslustiger, kräftiger Venezianer, der mit allen Hunden gehetzt wird, alle Länder durchschwärmt, mit den ausgezeichnetsten Männern in nahe Berührung kommt, und in noch weit nähere Berührung mit den Frauen. Es ist keine Zeile in diesem Buch, die mit meinen Gefühlen übereinstimmte, aber auch keine Zeile, die ich nicht mit Vergnügen gelesen hätte. *Briefe aus Berlin. 1822*

FRIEDRICH HEBBEL

Casanovas Memoiren: wer noch im 68sten Jahre so schreiben konnte, der durfte so leben. *Tagebücher, 12. 1. 1841*

PAUL ERNST

Als ein Buch, das für den Gebildeten Leben ersetzen kann, möchte ich Casanovas Memoiren bezeichnen. Es wäre nicht nötig, wenn unser Leben nicht so abstrakt geworden wäre; aber da wir nun einmal so existieren, wie es unsere Zeit will, so sollte jeder, und besonders jeder Künstler, dieses Buch mit der höchsten Freude aufnehmen: es gibt wirkliches Leben und erzählt Dinge, welche die wenigsten von uns sonst erfahren würden. Allerdings sollte man es nur in die Hände ganz reifer Menschen geben: wie das freie Leben selbst ist es für den Unreifen gefährlich, der nicht das Gesetz in der Brust trägt,

nach welchem er sein Leben führt: und noch ist ja aus den früheren Zeiten her in uns der Instinkt nicht ganz erloschen, daß jedes Buch etwas Imperativisches hat, daß es mehr enthält wie die Wirklichkeit.
Ein Credo. Bd. 2. 1912

Oscar A. H. Schmitz

Casanova – das verkörperte achtzehnte Jahrhundert – ist der Liebeskünstler schlechthin, dem übrigens auch sobald es seinen Zwekken diente, das bezaubernde Feuerwerk des Don-Juantums zu Gebote stand. Jupiter gleich, vermochte er stark zu sein wie der Stier der Europa, zärtlich wie der Schwan der Leda, verschwenderisch wie der Goldregen, der sich auf das Lager der Danae ergoß. Ohne, wie Don Juan, die Schwierigkeiten zu suchen, scheut auch er, wenn es not tut, nicht List, nicht Mühe, nicht Gefahr, kein Pathos und keine Lüge, um sein Ziel zu erreichen, dann aber kostet er den süßen Saft der Stunden wie aus üppigen Früchten mit einer von höchster Lebensweisheit beherrschten Glut, die noch in den Sätzen glimmt, in denen er, alternd, sein erstaunliches Wissen um die Lust der Nachwelt vermachte.
Don Juan, Casanova und andere erotische Charaktere. 1913

J. E. Poritzky

Den Genuß der Sinne zu pflegen, war stets seine Hauptbeschäftigung; eine wichtigere hatte er nie. Und doch ist er nie bis zur Gemeinheit herabgesunken. Er fühlte sich für das schöne Geschlecht geschaffen und hat es stets geliebt und sich von ihm lieben lassen, soviel er vermochte. Es ist sehr spaßhaft, diesen alten Wolf beten zu hören, Gott möge ihm ein hübsches junges Mädchen in seinen Rachen führen ... Er ist der klassische Vertreter des erotischen Menschen. Eine schöne Frau oder eine Frau, die sein Typ ist, verwandelt ihn, macht ihn gut oder böse, klug oder dumm, zieht ihn himmelan oder höllenwärts.
Die Erotiker. 1922

Franz Blei

Er ist ein Typus menschlicher Energie, wie ihn zuerst die Renaissance im Condottiere hervorbrachte, prachtvoll von der Zeit, die ihm die Form gab, abgewandelt. Aller Reichtum der Linie, alle Lebhaftigkeit der Farben, alle Anmut des Details und alle Öffnung in große historische Perspektiven würden nicht hinreichen, das Faszinierende der «Erinnerungen» des Casanova zu erklären; mit all dem würden sie nicht viel mehr bedeuten als etwa die Memoiren, die der Page Graf Tilly oder sonst irgendein Frauenjäger der Zeit hinterließ, und die nicht weniger «galante» Abenteuer berichten als der Venezianer. *Das Kuriositäten-Kabinett der Literatur. 1924*

STEFAN ZWEIG

Da ereignete sich nun jener herrliche und beinahe einzige Glücksfall Casanova: endlich erzählt einmal ein passionierter Genußmensch, der typische Augenblicksvielfraß, sein ungeheures Leben, erzählt es ohne moralische Beschönigung, ohne poetisierende Versüßlichung, ohne philosophische Verbrämung, sondern ganz sachlich, ganz wie es war, leidenschaftlich, gefährlich, verlumpt, rücksichtslos, amüsant, gemein, unanständig, frech, ludrig, immer aber spannungsvoll und unvermutet — und erzählt überdies nicht aus literarischem Ehrgeiz oder dogmatischer Prahlerei oder bußfertiger Reue oder exhibitionistisch gereizter Bekenntniswut, sondern ganz unbelastet und unbekümmert, wie ein Veteran am Wirtshaustisch mit der Pfeife im Mund ein paar knusprige und vielleicht brenzlige Abenteuer vorurteilslosen Zuhörern zum besten gibt. Hier dichtet nicht ein mühseliger Phantast und Erfinder, sondern aller Dichter Meister, das Leben selbst, er aber, Casanova, hat nur der bescheidensten Anforderung des Künstlers zu genügen: das kaum Glaubwürdige glaubhaft zu machen.

Drei Dichter ihres Lebens. 1928

HERMANN KESTEN

Nur ein Literat konnte mit dieser Brillanz sich als einen kompletten Sinnenmenschen schildern. Es bedurfte vielen Geistes, um so sinnlich erscheinen zu können. Nur ein Venezianer konnte so eine genialische Verwandlung, so einen witzigen Maskentrick, so eine Zauberei aus Poesie und Wirklichkeit, aus Frivolität und Aufrichtigkeit, aus Liebe und Witz machen. Darum wirkt trotz Bellini, Tizian, Tintoretto, Tiepolo, Guardi, Palma Veccio, Canaletto, Giorgione und Veronese, trotz Goldoni und Gozzi, trotz Marco Polo der Taugenichts unter ihnen, der Verführer, der Possenreißer Casanova als der wahre Sohn Venedigs. *Casanova. 1952*

Bibliographie

1. Bibliographien, Fortschrittsberichte

Childs, J. Rives: Casanoviana. An annotated world bibliography of Casanova de Seingalt and of works concerning him. Wien 1956

Casanova gleanings. Nice 1958 f [laufende Berichterstattung]

Childs, J. Rives: État présent des études casanoviennes. In: Problemi di lingua e letteratura italiana del settecento. Wiesbaden 1965. S. 314–328 [ca. 25 Titel]

2. Werke

a) Ausgaben

Vermischte Schriften. Aus dem gelehrten und literarischen Werk. Ausgew., eingel. und mit Anm. versehen von Enrico Straub. Berlin: Propyläen Verl. 1971

Straub, Enrico: Prosopopea Ecaterian II und Istanza von Giacomo Casanova. Zwei unbekannte Texte von Giacomo Casanova de Seingalt (1725–1798). Kritische Ausgabe der italienischen Handschriften aus dem Casanova-Nachlaß in Mnichovo Hradisté. Frankfurt a.M. 1993

b) Einzelne Veröffentlichungen

Zoroastro. Tragedia dal Francese. Dresden 1752

Camille Veronese. [Madrigal] In: Mercure de France, April 1757

Confutazione della Storia del Governo Veneto d'Amelot de la Houssaie. 3 Bde. Amsterdam [vielmehr Lugano] 1769

Sonetto sulla statua in Campidoglio. In: I Pregi delle Belle Arte. Roma 1771

Lana Caprina. Epistola di un Licantrope. Bologna 1772 – Franz. Übers. in: Pages Casanoviennes 5 (1926), S. 1–84

L'Armonia. [Trieste 1773] [Gelegenheitsgedicht]

Applausi. Trieste [1773] [Gelegenheitsgedicht]

À l'occasion de la fête du glorieux Saint Adolphe. Trieste 1773

Felicita di Trieste. Cantata a tre voci... Trieste 1774

Istoria delle turbolenze della Polonia dalla morte di Elisabetta Petrowna fino alla pace fra la Russia e la Porta Ottomana. 3 Bde. Görz 1774

Sonnetto. In: Gazetta Goriziana vom 8. Dezember 1774

Dell'Iliade de Omero. Tradotta in ottava rima. 3 Bde. Venezia 1775–1778

Scrutinio del libro «Éloges de M. de Voltaire». Venezia 1779

Opusculi Miscellanei. 7 Teile. Venezia 1779–1780 [Eine Art Zeitschrift mit Beiträgen Casanovas]

Lettere della nobil donna Silvia Belegno. Venezia 1780 [Übersetzung von Mme Riccobinis «Lettres de Mylady Catesby»]

Le Messager de Thalie. 10 Nummern. Venezia 1780–1781 – Wiederabdruck in: Pages Casanoviennes 1 (1925), S. 9–137

Di Aneddoti Veneziani militari ed amorosi del secolo decimoquarto... Venezia 1782 [Übersetzung und Umarbeitung des Romans von Mme de Tencin «La siècle de Calais»]
Né Amori, Né Donne ovvero la stalla ripulta. Venezia 1782 – Franz. Übers. in: Pages Casanoviennes 8 (1926), S. 1–127
Vers publiés à Spa. 19. August 1783
Lettre historico-critique. Hamburg, 12. Mai 1784
Exposition raisonnée du différent qui subsiste entre les deux républiques de Venise et d'Hollande. 1785 [Auch in italienischer Übersetzung: 1785]
Lettre à Messieurs Jean et Étienne L. 1785 [Auch in italienischer und holländischer Übersetzung]
Supplément à l'exposition raisonnée. 1785 [Auch in italienischer Übersetzung]
Soliloque d'un penseur. Prag 1786 – Neudruck in: Pages Casanoviennes 7 (1926), S. 1–54
Histoire de ma fuite des prisons de la république de Venise, qu'on appelle les plombs. Leipzig [vielmehr Prag] 1788 – Deutsche Übersetzung u. d. T.: Der zweite Trenck. Wien und Leipzig 1788; Leipzig 1797 [Später von Casanova in seine Memoiren eingearbeitet]
Icosaméron ou histoire Édouard et d'Élisabeth qui passèrent quatre vingts un ans chez les Mégamicres... 5 Bde. Prag 1788 – Deutsche Übersetzung von Heinz von Sauter. 3 Bde. Berlin 1968/69
Solution du problème déliaque. Dresden 1790
Corollaire à la duplication de l'hexaedre. Dresden 1790
Démonstration géométrique de la duplication du cube. Dresden 1790
À Leonard Snetlage. Dresden 1797

c) Mitverfaßte Werke

GOUDAR, ANGE: L'Espion Chinois. 6 Bde. Köln 1765
PIAZZA, ANTONIO: Discorso all'Orecchio di Monsieur Goudar. Venezia 1776

d) Memoiren

Aus den Memoiren des Venezianers Jacob Casanova de Seingalt, oder sein Leben wie er es zu Dux in Böhmen niederschrieb. Nach dem Original-Manuscript bearb. von WILHELM VON SCHÜTZ, 12 Bde. Leipzig: Brockhaus 1822–1828 [Erste, aus dem französischen Original übersetzte Ausgabe]
Mémoires de J. Casanova de Seingalt. Écrits par lui-même. Édition originale [Ed. par JEAN LAPORGUE]. 12 Bde. Leipzig: Brockhaus, Paris: Ponthieu 1826–1838 [Nach dem Original bearbeitete Ausgabe]
Mémoires de Jacques Casanova de Seingalt. 10 Bde. Paris: Paulin 1833–1837 [Bde. 9 und 10 weichen vom Schütz-Laforgueschen Text ab; Neudrucke Brüssel 1860–1887, Paris 1899–1928]
Erinnerungen. Übers. und eingel. von HEINRICH CONRAD. 12 Bde. mit 3 Suppl. Bdn. München–Leipzig 1907–1913; 2. Aufl. 1917 – Neudruck 6 Bde. München 1957
Mémoires de J. Casanova de Seingalt, écrits par lui-même. Édition nouvelle sous

la direction de RAOUL VÈZE d'après le texte de l'édition princeps. Variantes et commentaires historiques et critiques. 12 Bde. Paris 1924–1935

Erinnerungen. Übers. von FRANZ HESSEL und IGNAZ JEŽOWER. 10 Bde. Berlin 1924–1925

Memoiren. Nach der Übers. von Franz Hessel und Ignaz Ježower bearb. und mit einer Bibliographie versehen von WALTER HESS. Ausgew. von ERNESTO GRASSI. 4 Bde. Hamburg 1958–1960 (Rowohlts Klassiker der Literatur und der Wissenschaft. 43/44, 51/52, 59/60, 65/66 = Biographien Bd. 2–5)

Histoire de ma vie. Édition intégrale. 6 Bde. Wiesbaden: Brockhaus, Paris: Plon 1960–1962 [Erste Veröffentlichung des Originaltextes, damit sind alle älteren Ausgaben überholt]

Geschichte meines Lebens. Hg. und eingel. von ERICH LOOS. Erstmals nach der Urfassung ins Deutsche übers. von Heinz von Sauter. 12 Bde. Berlin: Propyläen Verl. 1964–1967 – Neuausg. 1985

Mémoires de J. Casanova de Seingalt, écrits par lui-même, suivis de fragments des mémoires du prince de Ligne. Chronologie et notices de GILBERT SIGAUX. Notes historiques et biographiques de JEAN SAVANT. 12 Bde. Levallois-Perret 1966–1967

Casanova et Bernardin de Saint-Pierre. (Examen des Études de la nature et de Paul et Virgine de Bernardin de Saint-Pierre, un «inédit» écrit en 1788–1789, à Dux) Utrecht 1985 (Documents Casanoviens. Cahier. No. 1)

3. *Lebenszeugnisse*

Frauenbriefe an Casanova. Hg. von ALDO RAVÀ und GUSTAV GUGITZ. München 1912 (Casanova: Erinnerungen. Bd. 14)

Briefwechsel. Ges. und erl. von ALDO RAVÀ und GUSTAV GUGITZ. München 1913 (Casanova: Erinnerungen. Bd. 15)

Correspondance avec J. F. Opitz. Hg. von F. KHOL und OTTO PICK. 2 Bde. Leipzig 1913 – Deutsche Übers. Berlin 1922

Der andere Casanova. Hg. von EDGAR VON SCHMIDT-PAULI. Berlin 1930 [Unveröffentlichte Dokumente aus dem Duxer Archiv]

Carteggi Casanoviani. Lettere di Giacomo Casanova di altri a lui. Mailand 1916

Carteggi Casanoviani. Lettere del patrizio Zaguri a Giacomo Casanova. Hg. von P. MOLMENTI. Mailand 1919

Pages Casanoviennes. Revue trimiestrielle. Éd. par RAOUL VÈZE et J. POLLIO. 8 Bde. Paris 1925/26 [Neben Neudrucken und Übersetzungen einzelner Schriften auch Mitteilung von Briefdokumenten von und an Casanova]

Patrizi e avventurieri, dame e ballerine in cento lettere inedite e pocco note. Hg. von CARLO LEONE CURIEL, GUSTAV GUGITZ und ALDO RAVÀ. Mailand 1930

Casanova und Graf Lamberg. Unveröffentlichte Briefe des Grafen Max Lamberg an Casanova aus dem Schloßarchiv in Dux. Hg. von GUSTAV GUGITZ. Olten 1935

Gesammelte Briefe. Ausgew., eingel. und mit Anm. versehen von ENRICO STRAUB. Neu und z. T. erstmals nach den franz. und ital. Ms. übers. von Heinz von Sauter. 2 Bde. Berlin 1969–1970 [Bd. 1: Aus der intimen Korrespondenz. Bd. 2: Aus der gelehrten Korrespondenz]

Da Ponte, Lorenzo: Memorie. New York 1807
Ligne, Charles de: Fragment sur Casanova. In: Ligne, Œuvres mêlées en prose et en vers. Vol. 15. Wien 1807
Casanova in der Schweiz. Begegnungen, Gespräche und Abenteuer des Chevalier de Seingalt im Lande der Eidgenossen. Zürich 1983
Buschini, Francesca: Lettere a Casanova. Trentatre lettere di Francesca Buschini, l'ultima amante veneziana. Ed. Elio Bartolini. Udine 1986
Schönthan, Gaby von: Madame Casanova. Bergisch Gladbach 1988

4. Biographien und Würdigungen

Gamba, B.: Biografia di Giacomo Casanova. Venedig 1835
d'Ancona, Alessandro: Un avventuriere de secolo XVIII. In: Nuova antologia 1882 – Wiederabdruck u. d. T. Ancona: Viaggiatori e avventurieri. Florenz 1911
Ottmann, Victor: Casanovas Werke und seine literarische Hinterlassenschaft. In: Zeitschrift für Bücherfreunde 1897/98, S. 420–430
Ellis, Havelock: Affirmations. London 1898. S. 86–130
Ottmann, Victor: Jakob Casanova von Seingalt. Sein Leben und seine Werke. nebst Casanovas Tragikomödie «Das Polemoskop». Stuttgart 1900
Poritzky, E.: Jakob Casanova. In: Zeitgeist. Beil. zum Berliner Tageblatt v. 22. April 1907
Maynial, Édouard: Casanova et son temps. Paris 1910
Guède, A.: Casanova. Paris 1912
Frenzi, Giulio de: L'Italiano errante. Neapel 1913
Schmitz, Oscar A. H.: Don Juan, Casanova und andere erotische Charaktere. München 1913
Toth, Karl: Jacques Casanova de Seingalt. In: Germanisch-Romanische Monatsschrift 5 (1913), S. 318–343, 400–411
Samaran, Charles: Jacques Casanova. Une vie d'aventurier au XVIIIe siècle. Paris 1914 – 2. éd. 1931
Gugitz, Gustav: Giacoma Casanova und sein Lebensroman. Historische Studien zu seinen Memoiren. Wien 1921
Zweig, Stefan: Drei Dichter ihres Lebens. Casanova, Stendhal, Tolstoi. Leipzig 1928 – Spätere Ausg. u. d. T. Zweig: Baumeister der Welt. Frankfurt a. M. 1951 – Frankfurt a. M. 1981
Endore, S. Guy: Casanova. His known and unknown life. New York 1929
Le Gras, Joseph, und Raoul Vèze: Casanova. Paris 1930
Dobrée, Bonamy: Giacomo Casanova, Chevalier de Seingalt. London 1933 – Deutsche Übers. Hamburg 1934
Zottoli, Angelander E. A.: Giacomo Casanova. 2 Bde. Rom 1945
Marceau, Félicien: Casanova ou L'Anti-Don Juan. Paris 1949
Nettl, Paul: Casanova und seine Zeit. Zur Kultur und Musikgeschichte des 18. Jahrhunderts. Eßlingen 1949
Le Gras, Joseph: Le véritable Casanova. Paris 1950
Kesten, Hermann: Casanova. München 1952 – Berlin 1986
Haeuptner, Gerhard: Giacomo Casanova. Versuch über die abenteuerliche Existenz. Meisenheim 1956

Koch, Thilo: Casanova. Ein Versuch. München 1959
Abirached, Richard: Casanova, ou La dissipation. Paris 1961 (La Galerie. 19)
Dobrée, Bonamy: Three eighteenth century figures: Sarah Churchill, John Welsey and Giacomo Casanova. London–New York 1962
Bozzolato, Giampiero: Proposta per una revisione storiografica: Giacomo Casanova. Bari 1967 (Società di studi Casanoviani. Quaderno. No. 1)
Kesten, Hermann: Die Lust am Leben. Boccaccio, Aretino, Casanova. München–Wien–Basel 1968
Masters, John: Casanova. New York 1969
Alocco, L.: Jacques Casanova ou le jeu de la vie, de l'amour et du «hasard». In: Le jeu au XVIIIe siècle. Colloque d'Aix-en-Provence, 1971. Aix-en-Provence 1976. S. 239–244
Amédée de Saint-Gall, Auguste (Hg.): Casanova. Federico Fellinis Film- und Frauenheld. Portr. von Stefan Zweig. Zürich 1976
Černý, V.: «L'Albertiade» de Casanova et le rencontre supposé de Casanova avec Schiller. In: Arcardia 12 (1977), S. 245–257
Chiara, Piero: Il vero Casanova. Mailand 1977 (Storia e documenti. 28)
Childs, James Rives: Casanova. Die große Biographie. München 1977 – Engl. Originalausg. London 1961
Gervaso, Roberto: Giacomo Casanova und seine Zeit. München 1977 – Ital. Originalausg. Mailand 1974
Rival, Ned: Casanova, la vie à plaisir. Paris 1977
Bàccolo, Luigi: Vita di Casanova. Mailand 1979
Gervaso, Roberto: Casanova. Verführer und Weltmann. München 1979
Roustang, François: Le bal masqué de Giacomo Casanova (1725–1798). Paris 1984
Marceau, Félicien: Casanova. Sein Leben, seine Abenteuer. Biographie. Düsseldorf 1985
Sauter, Heinz von: Der wirkliche Casanova. Eine Biographie. Stuttgart 1987
Krätz, Otto: Casanova. Liebhaber der Wissenschaften. München 1994

5. Einzeluntersuchungen

Baschet, A.: Preuves curieuses de l'authenticité des Mémoires de Jacques Casanova. In: Le Livre 1881
Henry, Charles: Les connaissances mathématique de Jacques Casanova de Seingalt. Rom 1883
J. Casanova de Seingalt et la critique historique. In: Revue historique 1889
Belgrano, Luigi T.: Aneddoti e ritratti Casanoviani. Turin 1890
Ravà, Aldo: Casanova a Lugano. In: Bulletino storrico della Svissera Italiana 1911
Brunetti, M.: I compagni di Giacomo Casanova sorto i «Piombi». In: Rivista d'Italia 1914
Uzanne, Octave: Casanova et la postérité. In: Revue du XVIIIe siècle 1917
Adnesse, J. F. H.: Casanova après ses mémoires. Bordeaux 1919
Grellet, Pierre: Les aventures de Casanova en Suisse. Lausanne 1919
Curiel, Carlo Leone: Trieste Settecentesca. Neapel 1922
Giacomo, S. Di: Casanova a Napoli. In: Nuova Antologia 1922

Bleackley, Horace William: Casanova in England. London 1923
Brunelli Bonetti, Bruno: Un'amico del Giacomo Casanova. Mailand 1924
Giulini, Alessandro: A Milano nel settecento. Mailand 1926
Ilges, Franz Walter: Casanova in Köln. Köln 1926
Brunelli Bonetti, B.: Figurine Padovane. In: Atti e Memorie della R. Academia Padova 1933/34
De Lancey, Cornelius ver Heyden: Les portraits de Jacques et de François Casanova. In: Gazette des Beaux-Arts 1934
Haldenwang, Georges: Casanova à Genève. Paris 1937
Brunelli Bonetti, B.: Un mistero Casanoviano Svelato. In: Atti e Memorie della R. Academia Padova 1938
Messedaglia, Luigi: Giacomo Casanova e Merlin Cocai. In: Nuovo Archivio Veneto 1938
Contini, E.: Uomo di Teatro. In: Rivista italiana del dramma 1939
Grellet, Pierre: Un ami vaudois de Casanova, L. de Bavois. Montreux 1940
Croce, Benedetto: Aneddoti de varia letteratura. 3 Bde. Neapel 1942
Nicolini, F.: Giacomo Casanova e il Cardinale Acquaviva d'Aragona. In: Artusa 1945
Glaser, Hugo: Der Fall Casanova. Wien 1946 (Bibliophile Zeit- und Streitfragen. 3)
Maynial, Édouard, und Raoul Vèze: La fin d'un aventurier. Casanova après les mémoires. Paris 1952
Morgulis, Grégoire: Musset et Casanova. In: Revue des études italiennes N. S. 3 (1956), S. 163–195
Damerini, Gino: Casanova a Venezia, dopo il primo eselio. Turin 1957
Quennell, Peter: Der Verführer in der Literatur. In: Casanova, Geschichte meines Lebens. Bd. 1. Berlin 1964 – Bd. 1/2, 1985
Fernández de la Reguera, Ricardo: Don Juan und Casanova. In: Casanova, Geschichte meines Lebens. Bd. 3. Berlin 1965 – Bd. 3/4, 1985
Dumitriu, Petru: Casanova oder der Zufällige. In: Casanova, Geschichte meines Lebens. Bd. 9. Berlin 1966 – Bd. 9/10, 1985
Jünger, Friedrich Georg: Spiel und Spieler. In: Casanova, Geschichte meines Lebens. Bd. 7. Berlin 1966 – Bd. 7/8, 1985
Loos, E.: Casanova und Voltaire zum literarischen Geschmack im 18. Jahrhundert. In: Hugo, Friedrich, und Fritz Schalk (Hg.), Europäische Aufklärung. München 1967. S. 141–157
Sperber, Manès: Die Liebe und Casanova. In: Casanova, Geschichte meines Lebens. Bd. 11. Berlin 1967 – Bd. 11/12, 1985
Solé, J.: Le jeu dans l'univers casanovien. In: Le jeu au XVIIIe siècle. Colloque d'Aix-en-Provence, 1971. Aix-en-Provence 1976. S. 245–250
Báccolo, Luigi: Casanova e i suoi amici. Mailand 1972 (Argomenti. 42)
Gruenter, R.: Erotische Buchmetaphorik in Casanovas «Histoire de ma vie». In: Leser und Lesen im 18. Jahrhundert. Heidelberg 1977. S. 11–15 (Beiträge zur Geschichte der Literatur und Kunst des 18. Jahrhunderts. 1)
Zapponi, Bernardino: Casanova, in un romanzo la storia del film di Fellini. Mailand 1977

THOMAS, CHANTAL: Casanova un voyage libertin. Paris 1985

ABIRACHED, ROBERT: Casanova oder die Welt als Theater. In: CASANOVA, Geschichte meines Lebens. Bd. 5/6. Berlin 1985

FORSCH, GERD J.: Casanova und seine Leser. Die Rezeption von Casanovas «Histoire de ma vie» in Deutschland, Frankreich und Italien. Rheinbach-Merzbach 1988 (Bonner Untersuchungen zur vergleichenden Literaturwissenschaft. 1)

Autor und Verlag möchten an dieser Stelle dem Verlagshaus F. A. Brockhaus besonders dafür danken, daß wir aus Casanovas «Histoire de ma vie» auch solche Originaltexte zitieren durften, die bei der Drucklegung dieses Bandes noch nicht veröffentlicht waren. Dank für wertvolle und ergiebige Mithilfe schuldet der Autor folgenden Forschern: H. Hardenberg, Direktor der holländischen Staatsarchive; Signor Sergio Cameroni, Direktor der Florentiner Archive; E. F. W. Besly Rsq.; Mrs. Dawn Cave; Signorina C. dalle Fusine; M. A. Falchetto; Paul E. Geier, Esq.; und dem Direktor der Sezione Vicariato im Vatikanischen Archiv zu Rom. Gedankt sei auch der Frau des Autors, Dr. Francis L. Mars, Dr. Ulrich Middeldorf und M. Ch. Samaran, die das Manuskript gelesen und durch Anregungen gefördert haben.

Namenregister

Die kursiv gesetzten Zahlen bezeichnen die Abbildungen

Quellennachweis der Abbildungen

Bildarchiv Preußischer Kulturbesitz, Berlin: 8/9, 22/23, 43, 62/63, 88, 93, 115, 132, 136/137/Archiv für Kunst und Geschichte: 33, 37, 48, 127, 131; Sammlung Historia-Photo: 122/123, 155/Ullstein Bilderdienst, Berlin: 19, 74, 106, 116, 121, 161/Ingeborg Sello: 20, 91, 97/Jindrich Marco: 164, 165/Oswaldo Böhm: 140/ Heinz Müller-Brunke (mit freundlicher Genehmigung des Verlags Knorr & Hirth): 145/Aus Margarete von Navarra «Das Heptameron», Winkler Verlag, München: 49, 55/Aus Wilhelm Hausenstein «Rokoko», Piper Verlag, München: 94, 170/Bayerische Staatsgemäldesammlungen, München: 49/Rowohlt Archiv: 128/Die Abbildung auf Seite 110/111 (Middlesex Country Record Office SR. 3145/4) veröffentlichen wir mit freundlicher Genehmigung des Middlesex Standing Joint Committee/aus Gustav Gugitz, Giacomo Casanova und sein Lebensroman (Wien 1921): 35/Alle übrigen Vorlagen wurden uns von Herrn J. Rives Childs zur Verfügung gestellt.